仕事がはかどる ケアマネ術 シリーズ ⑤

知ってつながる!
医療・多職種連携

―ケーススタディで納得・安心―

監修 高岡 里佳

第一法規

はじめに

　ケアマネジャーの皆さん、ケアマネジャーの仕事を楽しめていますか？そして、医療や多職種との連携はできていますか？

　介護保険制度が発足して17年が経ちました。超高齢社会の波はさらに押し寄せ、今後ますます複雑で多問題を抱えた高齢者の増加が予測されます。医療ニーズの高い中重度の高齢者や認知症高齢者だけでなく、終末期の看取り支援や、脆弱化した家族の支援も「待ったなし」の課題です。これからの時代のケアマネジャーに求められる役割は、幅広く多岐にわたっています。

　しかし、ケアマネジャーだけで、多問題を抱える高齢者や家族の暮らしを支えきることはできません。医療や介護など、「多職種の力」と地域の支え合いがなければ、安心して暮らすことは難しいでしょう。だからこそ、ケアマネジャーの存在が重要になるのです。

　ケアマネジャーの仕事は、多職種の力を「つなぐこと」です。「暮らしを支える医療」と「暮らしに寄り添う介護」がつながり「チーム」になることで、初めて「安心した在宅療養」の実現を目指せるのではないでしょうか。

　本書は、ケアマネジャーの皆さんが、医療や多職種とつながるために、知っておくと役に立つ基本的な知識を掲載しました。ケーススタディでは、基本を踏まえた具体的な実践事例を通して、多職種連携の実際を示しています。

　多職種連携なくしてケアマネジメントの実践はありえません。この本が、ケアマネジャーの皆さんの自信となり、多職種連携に役立つことを願っています。

2017年8月

高岡　里佳

目次

はじめに

■**解説編**

Step 1　地域包括ケアシステムと医療・多職種連携 ……………………… 8
1　地域包括ケアシステム　8
　（1）進化する地域包括ケアシステム　10
　（2）「暮らしを支える医療」と「暮らしに寄り添う介護」　11
　（3）在宅医療・介護連携の推進　11
　（4）在宅療養支援窓口の設置　14

2　「これまでの医療」から「これからの在宅医療」への転換　16
　（1）医療現場の現状　16
　（2）これからの在宅医療　17
　（3）医療と介護はなぜ連携するのか　18

3　超高齢社会を迎えたこれからの時代の「安心」を考える　22

Step 2　介護と医療の連携 ……………………………………………………… 23
1　介護と医療の連携の重要性　23
　ケアマネジャーと医療職　24

2　在宅療養を支える医療職　24
　（1）医師　25
コラム　二次保健医療圏域　27
コラム　回復期リハビリテーション病院の注意点　30
　（2）看護師　35
　（3）医療ソーシャルワーカー（MSW）　39
　（4）セラピスト　40
　（5）歯科医師　42

（6）薬剤師　43
　（7）管理栄養士　44

3　医療職と連携するポイント　45

4　ケアマネジャーに必要な医療知識　50

5　病気と薬　51

6　連携に役立つコミュニケーション　52

Step 3　ケアマネ必須の多職種連携 …………………………………… 54
1　よく関わる医療以外の職種・機関等　54
　（1）訪問介護　55
　（2）訪問入浴　56
　（3）福祉用具　56
　（4）住宅改修　58
　（5）地域包括支援センター　58
　（6）社会福祉協議会　60
　（7）民生委員・児童委員　61
　（8）行政　62
　（9）インフォーマルサービス・サポート　64
　（10）成年後見制度　66

2　医療以外の職種と上手に連携するポイント　67
　（1）地域の力がなければケアプランは絵に描いた餅　68
　（2）地域資源を活用しよう　69

3　まとめ　―ケアマネジャー同士の連携―　70

■ケーススタディ編

Case1 入退院時の連携（1）
　　　　脳梗塞で緊急入院、リハビリ後在宅生活となる新規利用者への
　　　　支援で気を付けることは？ ……………………………………… 72

Case2 入退院時の連携（2）
　　　　介護保険利用者が入院、状態に変化のあった場合の
　　　　再アセスメントで必要なことは？ ……………………………… 80

コラム　利用者が独居の場合に確認しておきたいこと　83

Case3　認知症の本人と家族への支援に社会資源を活用するには？ ……… 91
Case4　難病の方を担当するときの留意点とは？ ……………………… 99
Case5　在宅看取りの連携（1）
　　　　在宅看取りの可能性がある利用者と家族を支援する時に
　　　　大事なことは？ ………………………………………………… 106

コラム　死亡診断書　109

Case6　在宅看取りの連携（2）
　　　　独居で在宅看取りを希望する利用者を支えるには？ ………… 116

監修者・著者紹介 ……………………………………………………… 125

解説編

Step 1 地域包括ケアシステムと医療・多職種連携

1 地域包括ケアシステム

　「地域包括ケアシステム」という言葉を知っていますか？　医療・介護などの関係者はもちろん、これからの時代、すべての国民が知っておくべき用語です。特にケアマネジャーは、高齢者の生活をマネジメントする専門職ですから、「地域包括ケアシステムとは何か」を理解しておかなければなりません（ 図1 ）。

　「地域包括ケアシステム」という言葉は、2010（平成22）年3月に地域包括ケア研究会の報告書で提唱され、2012年（平成24）年の介護保険法改正において「地域包括ケアシステムの推進」として盛り込まれました。厚生労働省のホームページには以下のように書かれています。

> 　団塊の世代が75歳以上となる2025年を目途に、重度な要介護状態となっても住み慣れた地域で自分らしい暮らしを人生の最後まで続けることができるよう、住まい・医療・介護・予防・生活支援が一体的に提供される地域包括ケアシステムの構築を実現していきます。今後、認知症高齢者の増加が見込まれることから、認知症高齢者の地域での生活を支えるためにも、地域包括ケアシステムの構築が重要です。人口が横ばいで75歳以上人口が急増する大都市部、75歳以上人口の増加は緩やかだが人口は減少する町村部等、高齢化の進展状況には大きな地域差が生じています。
> 　地域包括ケアシステムは、保険者である市町村や都道府県が、地域の自主性や主体性に基づき、地域の特性に応じて作り上げていくことが必要です。

出典：厚生労働省ホームページ「地域包括ケアシステム」

Step 1 地域包括ケアシステムと医療・多職種連携

地域包括ケアシステム

図1

地域包括ケアシステムの構築について

○ 団塊の世代が75歳以上となる2025年を目途に、重度な要介護状態となっても住み慣れた地域で自分らしい暮らしを人生の最後まで続けることができるよう、医療・介護・予防・住まい・生活支援が包括的に確保される体制(地域包括ケアシステム)の構築を実現。

○ 今後、認知症高齢者の増加が見込まれることから、認知症高齢者の地域での生活を支えるためにも、地域包括ケアシステムの構築が重要。

○ 人口が横ばいで75歳以上人口が急増する大都市部、75歳以上人口の増加は緩やかだが人口は減少する町村部等、高齢化の進展状況には大きな地域差。

○ 地域包括ケアシステムは、保険者である市町村や都道府県が、地域の自主性や主体性に基づき、地域の特性に応じて作り上げていくことが必要。

出典:厚生労働省老健局老人保健課、平成27年度第3回都道府県在宅医療・介護連携担当者・アドバイザー合同会議「在宅医療・介護連携推進事業について」

図2 地域包括ケアシステムのイメージ図

出典：P.22 参照

(1) 進化する地域包括ケアシステム

　地域包括ケアシステムは、おおむね30分以内に必要なサービスが提供される「日常生活圏域（中学校区を基本）」を単位として想定されています。

　当初は、日常生活圏域に、「医療」「介護」「予防」「生活支援」「住まい」が揃う町づくりを目指すとされていました。その後、地域包括ケアシステムのイメージ図は「植木鉢」へと進化し、2016（平成28）年3月の地域包括ケア研究会の報告書では、地域包括ケアシステムの最新バージョンの植木鉢が示されています（図2）。

　最新バージョンの植木鉢でもっとも重要な部分は、植木鉢の受け皿の部分です。「本人・家族の選択と心構え」が「本人の選択と本人・家族の心構え」に変わっています。どのような状態にあっても、自分らしい生き方や最期の迎え方は自分で選び、自分で決めるという「本人の意志決定」を大切にした植木鉢になったといえます。そして、本人の選択と、本人・家族の心構えを、医療・看護・介護などの関係者も一緒に支える覚悟をもつことを意味しています。

(2) 「暮らしを支える医療」と「暮らしに寄り添う介護」

　超高齢社会を迎えた日本では、中重度の要介護高齢者や認知症高齢者が確実に増えていきます。地域の中で、急な病状変化や心身の低下が著しい高齢者が増えることを意味します。また、加齢に伴い、「治せない病気」や「治らない病気」を抱えた高齢者も確実に増えていきます。

　どのような状態になっても、最期まで安心して暮らしていくためには、地域の中に「暮らしを支える医療」と「暮らしに寄り添う介護」が整うことが必要です。

　厚生労働省が示す「地域包括ケアシステム」では、「ニーズに応じた適切なサービスの提供」だけでなく、入退院時等においても医療や介護のサービスが切れ目なく一体的・継続的に提供されることを目指しています。一人ひとりの暮らしの状況に合わせて、医療や介護が切れ目なく提供できる体制づくりが求められているといえます。

(3) 在宅医療・介護連携の推進

　地域包括ケアシステムにおいては、制度的な取組も加速しています。その一つが「在宅医療・介護連携推進事業」です（P.13 図3 ）。地域全体で在宅医療と介護連携の取組が進むよう、国策として医療と介護の連携推進に力を注いでいます。

　国は、2018（平成30）年の4月までに、全国の市区町村で取り組む在宅医療・介護連携推進事業を示しました。事業には（ア）から（ク）までの8つの事業項目が盛り込まれています。それぞれの地域特性に応じて自治体を中心に、医師会等と協働しながら在宅医療と介護連携の推進に取り組むというものです。

　これらすべてを、新たに取り組むということではありません。各自治体ごとに、これまでの取組を見直し、8つの事業に照らし合わせて、整理をしてみることが大切です。

8つの事業

（ア）地域の医療・介護の資源の把握
（イ）在宅医療・介護連携の課題の抽出と対応策の検討
（ウ）切れ目のない在宅医療と介護の提供体制の構築推進
（エ）医療・介護関係者の情報共有の支援
（オ）在宅医療・介護連携に関する相談支援
（カ）医療・介護関係者の研修
（キ）地域住民への普及啓発
（ク）在宅医療・介護連携に関する関係市区町村の連携

Step 1 地域包括ケアシステムと医療・多職種連携

在宅医療・介護連携推進事業

図3 在宅医療・介護連携推進事業（介護保険の地域支援事業、平成27年度〜）

○ 在宅医療・介護の連携推進については、これまで主に老人保健健康増進等事業（平成23・24年度）、在宅医療連携拠点事業（平成25年度〜）により一定の成果。それを踏まえ、介護保険法の中で制度化。
○ 介護保険法の地域支援事業に位置づけ、市区町村が主体となり、郡市区医師会等と連携しつつ取り組む。
○ 実施可能な市区町村は平成27年4月から取組を開始し、平成30年4月には全ての市区町村で実施。
○ 各市区町村は、原則として、（ア）〜（ク）の全ての事業項目を実施。
○ 事業項目の一部を郡市区医師会等（地域の中核的医療機関や他の団体を含む）に委託することも可能。
○ 都道府県・保健所は、市区町村と都道府県医師会等の関係団体、病院等との協議の支援や、都道府県レベルでの研修等により支援。国は、事業実施関連の資料や事例集の整備等により支援するとともに、都道府県を通じて実施状況を把握。

● 事業項目と取組例

（ア）地域の医療・介護の資源の把握
- 地域の医療機関の分布、医療機能を把握し、リスト・マップ化
- 必要に応じて、連携に有用な項目（在宅医療の取組状況、医師の相談対応が可能な日時等）を調査
- 結果を関係者間で共有

（イ）在宅医療・介護連携の課題の抽出と対応策の検討
- 地域の医療・介護関係者等が参画する会議を開催し、在宅医療・介護連携の現状を把握し、課題の抽出、対応策を検討

（ウ）切れ目のない在宅医療と介護の提供体制の構築推進
- 地域の医療・介護関係者の協力を得て、在宅医療・介護サービスの提供体制の構築を推進

（エ）医療・介護関係者の情報共有の支援
- 情報共有シート、地域連携パスの活用により、医療・介護関係者の情報共有を支援
- 在宅での看取り、急変時の情報共有にも活用

（オ）在宅医療・介護連携に関する相談支援
- 医療・介護関係者の連携を支援するコーディネーターの配置等による、医療・介護連携に関する相談窓口の設置・運営により、連携の取組を支援

（カ）医療・介護関係者の研修
- 地域の医療・介護関係者がグループワーク等を通じ、多職種連携の実際を習得
- 介護職等を対象とした医療関連の研修会を開催等

（キ）地域住民への普及啓発
- 地域住民を対象にしたシンポジウム等の開催
- パンフレット、チラシ、区報、HP等を活用した、在宅医療・介護サービスに関する普及啓発
- 在宅での看取りについての講演会の開催等

（ク）在宅医療・介護連携に関する関係市区町村の連携
- 同一の二次医療圏内にある市区町村や隣接する市区町村が連携して、広域連携が必要な事項について検討

出典：図1に同じ

⑷ 在宅療養支援窓口の設置

　8つの事業の中で、在宅医療・介護連携の推進に直接的に関わる事業が「(オ) 在宅医療・介護連携に関する相談支援」です。

　地域包括ケアシステムにおけるこれからの町づくりでは、医療や介護の多職種が一体となって継続的な在宅医療や介護を提供することが求められています。

　介護保険発足当時に比べれば、ケアマネジャーの仕事を理解してくれる医療職は増えましたが、多職種協働の体制づくりは容易ではありません。まだまだケアマネジャー側の努力も足りません。医療職と介護職がうまく連携できないことで、一番迷惑を被るのは利用者や家族です。そこで、医療・介護関係者の連携を支援するコーディネーター等の配置により、多職種連携の取組を支援する事業が位置付けられています。

　「在宅医療・介護連携支援に関する相談窓口」は、2018（平成30）年4月までに、全国の市区町村に1カ所以上設置されることになっています。設置方法や設置場所は自治体によって異なりますが、市区町村が中心となり、医師会や関係機関と連携を図りながら、実施することになっています。相談窓口のコーディネーターは、地域包括支援センターと連携しながら、利用者の在宅療養を支えるチームの連携を支援します。また、実際の相談事例から医療と介護の連携課題を整理し、分析し、解決策を検討していくことを目的としています（ 図4 ）。

　医療や介護の特徴や専門性を繋ぎ、一つのチームになることをサポートする機能をもっているといえます。

Step 1 地域包括ケアシステムと医療・多職種連携

図4 在宅医療・介護連携の推進

在宅医療・介護連携の推進

○ 医療と介護の両方を必要とする状態の高齢者が、住み慣れた地域で自分らしい暮らしを続けることができるよう、地域における医療・介護の関係機関（※）が連携して、包括的かつ継続的な在宅医療・介護を提供することが重要。

（※）在宅医療を支える関係機関の例
・診療所・在宅療養支援診療所・歯科診療所（定期的な訪問診療の実施）
・病院・在宅療養支援病院・診療所（有床診療所）等（急変時の診療・一時的な入院の受入れの実施）
・訪問看護事業所、薬局（医療機関と連携し、服薬管理等に点滴、褥瘡処置等の医療処置、看取りケアの実施等）
・介護サービス事業所（入浴、排せつ、食事等の介護の実施）

○ このため、関係機関が連携し、多職種協働により在宅医療・介護を一体的に提供できる体制を構築するため、都道府県・保健所の支援の下、市区町村が中心となって、地域の医師会等と緊密に連携しながら、地域の関係機関の連携体制の構築を推進する。

在宅医療・介護連携支援に関する相談窓口
（郡市区医師会等）

・地域の医療・介護関係者による会議の開催
・在宅医療・介護連携に関する相談の受付
・在宅医療・介護関係者の研修 等

在宅療養支援病院・診療所（有床診療所）等

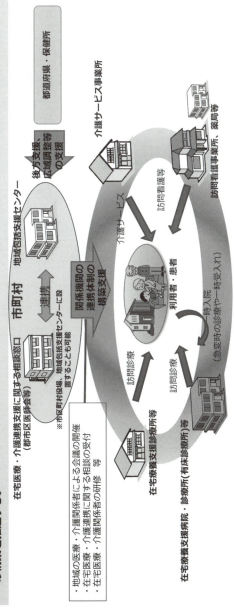

出典：図1に同じ

2 「これまでの医療」から「これからの在宅医療」への転換

(1) 医療現場の現状

　多くの人は、病気になったら医療機関を受診します。必要に応じて入院になることもあります。入院の目的は、「病気を治すため」であり、治療が終われば退院になります。ところが、入院をきっかけに自宅に戻れなくなる高齢者が増えています。

　一人暮らしで介護をする人がいない、老老介護なので自宅には帰せないなど、治療以外の様々な問題によって退院できない状況が起こっています。いわゆる「社会的入院」は、まだまだ続いている現状にあります。

　また、急性期の治療が終わると、リハビリが始まります。「もう少しリハビリを続けたい」「自宅のトイレに行けるようにならないと退院できない」など、リハビリ入院を続けたい理由は人それぞれにあると思います。しかし、現状では、治療を目的とした入院でも、リハビリを目的とした入院でも、入院できる期間には限りがあります。病院には長く入院できない仕組みになっているからです。

　診療報酬上では、早期退院に向けた努力をしている病院を高く評価しています。患者一人あたりの入院期間を短くし、そのために手厚い看護体制を整えている病院には、診療報酬が高くなる仕組みになっています。

　「早期発見、早期入院、早期リハビリ、早期退院」が、病院にも患者にも求められています。患者や家族をはじめ、ケアマネジャーにとっては、想像していたよりも早く退院の話が出て驚くこともあるでしょう。

＜スピードが求められる＞

　診療報酬上だけでなく、これからの医療に一番求められるのは「スピード」です。高齢者が抱える病気や障害は様々ですが、「今退院しなければ、二度と自宅に帰ることはできないかもしれない」という看取り期の病状を抱えた高齢者は増えていきます。「家に帰りたい」という本人や家族の希望がある

にもかかわらず、タイミングを逃すことで、大切な人たちと過ごす最期の時間が望まない形になってしまうかもしれません。だからこそ本人や家族の「1分1秒」を大事にできるスピーディーな多職種連携が求められています。

(2) これからの在宅医療

在宅での療養は、医療だけではできません。家族をはじめ、医療や介護関係者、インフォーマルなサービスやサポートなど、暮らしを支える地域の力があるからこそ実現するものです。高齢者の人生の最終段階は、その人の暮らしをよく知っている人たちの支えが必要なのです。

そして、治らない病気、治せない病気を抱えた高齢者には、病気を治す医療ではなく、「病気との付き合いを支える医療」が必要です。言いかえれば命を助けることを目的とした医療ではなく、命の時間を支える医療が求められているといえます。そのための在宅療養体制を整えることが、ケアマネジャーの大切な仕事です（図5）。

図5 「これまでの医療」と「これからの在宅医療」

	これまでの医療			これからの在宅医療（高齢者医療）		
医療の目的	救命		病気との併存を支援			平穏死
医療の役割	病気を治す（Cure）			病気と付き合う（Care）		
医療の目標	命を助ける			人生を支える（QOL&QOD）		
職種間連携	縦の関係			横の関係		
医療区分	超急性期	急性期	亜急性期（回復期リハ・急性増悪）		慢性期	
治療・療養・場所	急性期病棟	回復期・地域包括ケア病棟		療養病棟	老人保健施設など	在宅

QOL：quality of life（生活の質）、QOD：quality of death（死の質）
出典：「医療・介護・福祉との連携」高岡里佳著『スーパー総合医　地域医療連携・多職種連携』岡田晋吾、田城孝雄専門編集、中山書店、2015年

ただし、決して「在宅ありき」と言っているわけではありません。ここは

誤解のないようにしておきたいところです。入院の継続が必要な場合は、もちろん入院を続けることが必要です。どうしても自宅に帰れない、帰せない事情がある場合もあります。その時は、病院側に理由をきちんと伝え、転院先を探してもらうことになります。

＜病院が困ること＞

　病院側が一番困るのは、「退院準備が整わない」といって、ダラダラと入院期間を延ばしたり、「介護をする自信がない」と、家族や介護者側の都合だけで退院日を延ばしたりすることです。中には、ケアマネジャーや訪問看護師などの在宅チームが、「退院は無理」と決めつけてしまう場合や、病院側が自宅退院を検討せずに「転院」となってしまう場合もあります。

　大切なのは、あくまでも「本人の選択」です。本人が「家に帰りたい」と言っているのであれば、本人の希望が叶えられるよう全力でサポートすることです。「家に帰りたい」という本人の希望と、「家に帰したいけれど、本当は心配」という家族の不安をしっかりと受け止め、スピード感をもって連携できる医療や介護の専門職が必要です。

(3) 医療と介護はなぜ連携するのか

　病気が完全に治って退院できる高齢者は、それほど多くはありません。体力や気力が入院前と同じ状態まで回復するには、相当の時間がかかります。残念ながら、完全に回復するまで入院を続けることはできません。治療が終われば退院になります。食べられない場合は経管栄養や点滴、排泄が難しい場合は膀胱留置カテーテル（導尿の管）など、医学的管理が必要な状態で退院することもあります。早期退院は喜ばしいことですが、患者も家族も、不安を抱えたまま退院せざるを得ない状況が起こっている現状があります。

　なぜ、患者や家族は退院が不安なのでしょうか。病院では、医師や看護師が常に側にいて、急変があればナースコール1つで飛んできてくれます。しかし、自宅には24時間、医師や看護師などの専門職がいるわけではありま

せん。急変時に救急車を呼ぶことはできますが、救急隊が到着するまでは家族が寄り添っていなければなりません。患者や家族は「何かあったらどうしよう」「急変時に適切に対応できるだろうか」と、漠然とした不安を抱えています。この不安を解消するためにも、「医療と介護の連携」が求められます。

次に、医療と介護の連携におけるそれぞれの関係性を、2つに整理してみました。①病院での連携、②在宅での連携です（図6）。

図6 病院と在宅における医師と多職種との連携関係図（イメージ）

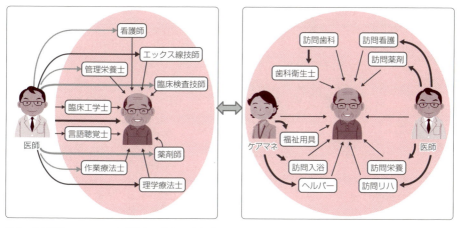

出典：「介護職に知っていただきたい在宅医療」睦町クリニック朝比奈完氏資料を基に著者改変

① 病院内における医療と介護の連携

病院内での連携は、基本的には医師の指示の下に行われます。医師と看護師、医師と薬剤師、医師と理学療法士などのように、医師を中心にして患者の治療やリハビリが進んでいきます。医師という司令塔のもとに、主に医療職が中心となって患者の治療や診療のサポートをしていく「医師主導の関係」で成立しているといえます。これは、病院があくまでも治療を目的とした場所だからこその関係性といえます。

② 在宅における医療と介護の連携

　在宅での連携は、病院とは異なります。在宅主治医は、訪問看護師や訪問薬剤師、訪問リハビリなどに指示を出しますが、その関係は必ずしも医師主導の関係ではありません。それぞれの専門職がフラットな関係で、利用者の在宅療養をサポートしています。

　また、ケアマネジャーや訪問介護、福祉用具事業者などは、医師の指示の下に動く専門職ではありません。専門分野の違いを活かし、主治医や看護師などの医療職と一緒に、利用者の生活を支えます。ここが病院内での連携関係と異なるところです。

フラットな連携関係をつくるポイント

① 相手に興味・関心をもつ
② 相手を批判しない
③ 危機感を共有する
④ 自分の意見はきちんと言う
⑤ できるだけたくさん会う

＜病院と在宅の連携＞

　大きな枠組みの中では、「病院と在宅の連携」が求められています。病院と在宅は、それぞれが「チーム」です。先の地域包括ケアシステムの図（P.9 図1）にもあったように、在宅チームと病院チームが必要に応じて連携し、利用者の在宅生活を支える役割を担うことを目指しています。

　異なる連携の仕組みをもつ病院と在宅が、それぞれの立場を一方的に主張をするだけでは良好な連携関係はつくれません。病院と在宅の連携は、とても複雑で多様性のある連携関係です。お互いの事情を知り、お互いのルールを理解し、共に患者や利用者の「在宅生活の継続」を共通の目的にする必要があります。

　そのためには、「患者や利用者は、地域で暮らす『生活者』である」、この

ことを病院チームと在宅チームが共通認識することが大切です。病院チームは、「1日も早く生活者に戻すための支援」をしながら在宅チームへバトンを渡し、在宅チームはバトンを受け継ぎ、「生活者としての暮らしを支える支援」をしていきます（ 図7 ）。

図7 病院チームと在宅チームの連携

いずれの連携においても、誰のために連携をするのか、何のために連携をするのか、連携の効果は何か、このことを常に念頭に置きながら、これからの時代に求められる医療・介護連携を実践していくことが大切です。

3 超高齢社会を迎えたこれからの時代の「安心」を考える

　日本の医療保険制度は、診療所から大学病院まで、いつでも好きな時に、好きな医療機関にかかれるフリーアクセスの仕組みです。国民皆保険の下、保険料を負担しあうことで、少ない自己負担で必要な医療を受けることができます。これほど安心なことはありません。

　一方で、この安心感が、国民を医療に対する依存的な体質に変えてしまったことも否めません。緊急性がないのに休日・夜間に救急外来を受診するコンビニ受診、大学病院志向、多剤併用（ポリファーマシー）の問題など、医療の課題はたくさんあります。また、病院に行けば病気が治る、医療にかかっていれば安心、という高齢者にもたくさん出会います。

　少しでも長く元気で暮らしたいという気持ちは、誰もがもっている感情です。しかし、命には限界があります。「老い」とも向き合わなければなりません。「老い」は病気ではありませんから、医学で「老い」を止めることはできません。

　超高齢社会を迎えたということは、「老い」で人生の最期を迎える人が増えるということです。すべての人が、このことを理解する時代になってきたといえます。

　医療職や介護職の使命は、一人ひとりの高齢者が望む「自分らしい人生のフィナーレ」をその最期の瞬間まで支えきることです。だからこそ、医療と介護の連携が重要視されているのです。

【引用、参考文献】
・厚生労働省ホームページ「地域包括ケアシステム」
・厚生労働省老健局老人保健課、平成27年度第3回都道府県在宅医療・介護連携担当者・アドバイザー合同会議「在宅医療・介護連携推進事業について」
・P.10 図2上段：厚生労働省老健局「地域包括ケアの推進」
・P.10 図2中段：三菱ＵＦＪリサーチ＆コンサルティング「＜地域包括ケア研究会＞地域包括ケアシステム構築における今後の検討のための論点」、平成24年度老人保健健康増進等事業
・P.10 図2下段：三菱ＵＦＪリサーチ＆コンサルティング「＜地域包括ケア研究会＞地域包括ケアシステムと地域マネジメント」（地域包括ケアシステム構築に向けた制度及びサービスのあり方に関する研究事業）、平成27年度厚生労働省老人保健健康増進等事業、2016年
・「医療・介護・福祉との連携」高岡里佳著『スーパー総合医　地域医療連携・多職種連携』岡田晋吾、田城孝雄専門編集、中山書店、2015年
・「介護職に知っていただきたい在宅医療」睦町クリニック朝比奈完氏資料

Step 2 介護と医療の連携

1 介護と医療の連携の重要性

　口から食べること、排泄すること、自分の足で歩くこと、どれも当たり前のようですが、決してそうではありません。

　赤ちゃんが、歯が生えて食べられるようになり、トイレでおしっこができるようになり、2本足で立って歩けるようになった時、誰もが喜び感動したことでしょう。これが「成長」です。

　一方、歳をとり、それまでできていたことができなくなっていく過程が、「老い」です。口から食べられなくなり、排泄ができなくなり、自分の足で歩けなくなります。これはごく自然の流れです。でも本当は誰もが、最後まで口から食べて、自力で排泄をして、自分の足で歩きたい、そして少しずつ「枯れていくように」、最期の瞬間を迎えたいと思っているのではないでしょうか。

　自ら望んで病気になったり、障害や介護状態になる人などはいません。でも、「老い」に逆らうことはできません。頭では分かっていても、現実を受け入れるのはとても難しいことです。

　だからこそ、「今までできていたことができなくなるのは、切ないし辛い。けれど、決して不幸ではない。」、そう思えるように支え続けることが「尊厳を守る」ということです。一人ひとりの尊厳を守り、最期まで自分らしく生ききることを支えるために、医療職や介護職は存在しています。

　「老い」は病気ではありませんが、長年使い続け、衰えた心身の機能は、時には痛みや苦しさをもたらします。その痛みや苦しさを和らげ、心地よく過ごすために「暮らしを支える医療」「暮らしに寄り添う介護」があります。

「支える医療」と「寄り添う介護」が連携することで、初めて「最期まで安心して暮らせる在宅療養体制」が構築できるのです。

ケアマネジャーと医療職

　医師や看護師をはじめ、高齢者の暮らしを支えるためには、様々な医療職が関わります。病状や心身の変化が起こりやすい高齢者の暮らしに、医療職の介入は欠かせません。ケアマネジャーは、高齢者一人ひとりの状況に応じたケアプランを作成しますが、医療職がより効果的に関われるよう、それぞれの特徴や専門性を理解することが重要です。

　また、利用者の病状や心身の状態は、段階を踏んで変化していきます。それに伴い、医療職との関わり方も変わっていきます。

　例えば、血圧のコントロールのために外来通院していた利用者が、脳梗塞で緊急入院となり、退院後は訪問診療を受ける場合もあります。このように、病気や障害の状態によっても医療職との関わり方は異なります。ケアマネジャーは、利用者の状態を見極め、医療職と適切に関わりながらケアプランを作成します。

2　在宅療養を支える医療職

　本書の**ケーススタディ編**では、医療と介護の連携事例を掲載しました。どのような時期に、どのような医療職と、どのような関わりをしているかなど、事例の特徴に沿って紹介しています。

　この **Step2** では、高齢者の暮らしの変化を踏まえながら、在宅療養を支える医療職と関わり方について解説していきます。

> **在宅療養と関わりの深い医療職**
>
> (1)医師
>   ① 病院勤務の医師
>   A：大学病院などの高度救急病院
>   B：在宅療養者の救急も受け入れる地域病院
>   C：回復期リハビリテーション病院
>   D：療養型病院
>   ② 診療所やクリニックの医師
>   ③ 在宅医療専門の医師
>   ④ 施設などに勤務する医師
> (2)看護師
>   ① 外来看護師
>   ② 病棟看護師
>   ③ 退院調整看護師
>   ④ 訪問看護ステーションの看護師
> (3)医療ソーシャルワーカー（MSW）
> (4)セラピスト
>   ① 理学療法士
>   ② 作業療法士
>   ③ 言語聴覚士
> (5)歯科医師
> (6)薬剤師
> (7)管理栄養士

(1) 医師

　医師は、大きく分けると4つの分野で仕事をする医師に分かれます。さらに、病院は主に4つに分類できます。

　① 病院勤務の医師
　　A：大学病院などの高度救急病院
　　B：在宅療養者の救急も受け入れる地域病院
　　C：回復期リハビリテーション病院
　　D：療養型病院
　② 診療所やクリニックの医師
　③ 在宅医療専門の医師
　④ 施設などに勤務する医師

医師は、医師法に規定された国家資格ですが、どこの医療機関で仕事をしているかによって、ケアマネジャーは医師との関わり方を変える必要があります。

① 病院勤務の医師
Ａ：大学病院など高度救急病院で働く医師との連携
　自宅で急変し、救急搬送される病院の１つが高度救急病院です。高齢者に限らず、あらゆる救急患者が搬送されてくる場所です。そこで働く医師の使命は「救命（命を助けること）」です。「命を助ける治療」が始まり、同時進行で急性期のリハビリが開始されます。

　高度救急病院などの多くは、機能分化されているため、診療科ごとに専門医が分かれています。最近は、一命をとりとめた翌日からでも、可能な範囲でリハビリが開始されることが多いようです。その場合は、さらにリハビリ専門医やセラピストが加わることになります。

　高度救急病院で働く医師とケアマネジャーとの連携は、かなり難しい連携といえます。次々と救急搬送されてくる患者の対応や手術などで、ケアマネジャーとゆっくり話をすることは困難です。まずは、病名、病状、今後の治療の流れを確認することができるとよいでしょう。詳しい話を聞きたい場合は、医療ソーシャルワーカーや退院調整看護師と連携をしてください。

Ｂ：在宅療養者の救急も受け入れる地域病院で働く医師との連携
　地域病院は、地域の高齢者を支える中核となる医療機関です。ケアマネジャーが一番関わりのある医療機関といえます。高度救急病院の受け皿機能をもち、一命をとりとめた後の継続的な治療やリハビリを提供するのが地域病院の役割になります。

　また、地域病院は、在宅療養者の救急を受ける機能をもっています。高度救急病院に行くほどではないけれど、このまま自宅で療養することが難しい病状の場合には、救急隊の判断により地域病院に救急搬送されます。

　在宅療養者を受け入れる場合、「在宅かかりつけ医」の有無を確認します。

地域から来る患者を「生活者」に戻すためには、地域病院の医師とかかりつけ医の連携は必須です。その場合、ケアマネジャーは地域病院の医師に病状や今後の予測を確認すると同時に、在宅かかりつけ医にその情報を繋ぐ役割が求められます。ケアマネジャーがもっとも関わりの深い医師が、地域病院の医師といえます。

Column

二次保健医療圏域

　地域病院の「地域」には、2つの考え方があります。1つは「市区町村」という地域、もう1つは「二次保健医療圏域」という地域です。
各都道府県では、いくつかの市区町村をひとまとめにし、「医療圏域」をつくっています。この圏域を「二次保健医療圏域」といいます。そして、二次保健医療圏域ごとに地域完結型医療を目指しています。ちなみに、東京都の場合は、島しょ部を含め13の二次保健医療圏域に分かれています（ 図1 ）。
　また、都道府県では、それぞれに「地域医療構想」を定めることになっています。二次保健医療圏域ごとに必要とされる救急病院や回復期リハビリテーション病院などの医療機関数を設定し、人口と医療機能がバランス良く配置されるよう検討されています。

図1 東京都二次保健医療圏

出典:『医療から逃げない!ケアマネジャーのための医療連携Q&A (入門)』高岡里佳著、公益財団法人東京都福祉保健財団、2013年

C：回復期リハビリテーション病院で働く医師との連携

　急性期の治療が落ち着いてくると、次にリハビリが始まります。病気の発症後、できるだけ早い段階でリハビリを始めることで、機能の回復を促進する効果があります。早期リハビリによって、在宅復帰を目指すことが回復期リハビリテーション病院の目的です。在宅復帰を目標とする高齢者にとって重要な医療機関といえます。

　回復期リハビリテーション病院には、専従の医師が配置されます。リハビリテーション科の医師の他、脳神経外科や整形外科など、疾患によって担当する医師が異なる場合もあります。リハビリを実施するのは理学療法士、作業療法士、言語聴覚士などのセラピストですが、病棟の看護師や医療ソーシャルワーカーや、管理栄養士なども一緒にチームで支援をしていきます。

　回復期リハビリテーション病院に入院した場合は、入院時リハビリテーション計画に基づいてリハビリが開始されます。入院後1週間、1カ月、2カ月というように、どの時期までに、どこまでの回復を目指すのか、在宅復帰の目標をたててリハビリを実施します。そのため、患者自身のリハビリに取り組む姿勢や目標の設定が重要になります。

　例えば、「自分でベッドから立ち上がり、自宅のトイレに行けるようにしたい」、「洋服の着脱と、食事が自分でできるようにしたい」など、具体的な目標を設定することが大切です。入院前の生活の様子や自宅の環境などの情報提供は、ケアマネジャーの大切な仕事になります。

　回復期リハビリテーション病院から退院する前には、病院スタッフが患者宅を訪問し、家屋評価などを行います。自宅内での動きを評価し、退院に向けた環境を整えるためのアドバイスを行います。この時に、ケアマネジャーが同席することで、セラピストや看護師、医療ソーシャルワーカーと、直接連携を図ることができます。地域病院と同様に、ケアマネジャーが関わる機会の多い病院といえるでしょう。

Column

回復期リハビリテーション病院の注意点

　回復期リハビリテーション病院に入院するためには、様々な条件が必要となります（表1）。

　ケアマネジャーが利用者の家族から相談を受け、直接回復期リハビリテーション病院を探したり、医療相談室に入院相談の電話をすることがあります。

　ケアマネジャーとしては家族からの相談に応えたい気持ちは分かりますが、表のように、回復期リハビリテーション病院には、細かい入院条件があります。病名や発症時期によっては、回復期リハビリテーション病院の入院対象にならない場合もあります。安易に病院を紹介して、利用者や家族に中途半端な期待を持たせることは禁物です。

　病院探しは、入院中の医療機関にお任せする方がよいでしょう。家族から相談を受けた場合は、「入院中の病院の医療ソーシャルワーカーに相談し希望を伝えましょう」と教えてあげてください。もし、地域の回復期リハビリテーション病院の情報を知っている場合は、家族を通じて、入院先の医療ソーシャルワーカーに情報提供しましょう。

表1　回復期リハビリテーション病棟の入院対象となる患者の状態・入院期間

※平成24年3月5日厚生労働省告示第77号（基本診療料の施設基準等）別表第9より抜粋

	回復期リハビリテーションを要する状態	入院までの期間	入院期間*
1	脳血管疾患、脊髄損傷、頭部外傷、くも膜下出血のシャント手術後、脳腫瘍、脳炎、急性脳症、脊髄炎、多発性神経炎、多発性硬化症、腕神経叢損傷等の発症後若しくは手術後の状態又は義肢装着訓練を要する状態	発症後又は手術後2カ月以内	150日
	高次脳機能障害を伴った重症脳血管障害、重度の頸髄損傷及び頭部外傷を含む多部位外傷の場合		180日
2	大腿骨、骨盤、脊椎、股関節若しくは膝関節の骨折又は二肢以上の多発骨折の発症後又は手術後の状態	発症後又は手術後2カ月以内	90日
3	外科手術又は肺炎等の治療時の安静により廃用症候群を有しており、手術後又は発症後の状態	手術後又は発症後2カ月以内	90日
4	大腿骨、骨盤、脊椎、股関節又は膝関節の神経、筋又は靱帯損傷後の状態	損傷後1カ月以内	60日

| 5 | 股関節又は膝関節の置換術後の状態 | 損傷後1カ月以内 | 90日 |

＊入院期間＝算定上限日数
注）上記は入院の条件の一部です。その他にもいくつかの条件があります。
出典：図1に同じ

D：療養型病院

　療養型病院は、医学的管理や医療的ケアを必要とする高齢者が入院する医療機関です。急性期治療が必要な状態では入院できません。病状が安定していることが前提の病院です。

　療養型病院は、大きく2種類に分かれます。医療保険を使って入院する「医療療養型病院」と、介護保険を使って入院する「介護療養型医療施設」です。

　医療療養型病院は、急性期の状態は落ち着いたけれど、24時間の医学的管理を必要とする高齢者が入院する病院です。

　一方、介護療養型医療施設は、病状は安定したけれど、胃瘻（胃に直接穴をあけて栄養を入れること）や頻回な痰の吸引など、常時医療的ケアを要する高齢者が入院する病院です。

　どちらも24時間体制の医療ケアを必要とする高齢者が多く入院しています。そのため、入院期間が長期間となる傾向にあります。

　療養型病院の医師との連携はそれほど多くないかもしれませんが、退院準備の際にはケアマネジャーも関わります。

　介護療養型医療施設の場合では、短期入所療養介護（ショートステイ）を受けている病院もあります。その場合は、ケアマネジャーがケアプランをたてて、在宅療養を続けられるよう支援します。

　なお、介護療養型医療施設は、2017（平成29）年に廃止される予定でしたが、6年間延期になりました。2018（平成30）年の医療・介護同時改正では、新たに「介護医療院」の創設が示されました。介護療養型医療施設に代わる新しい介護保険施設として位置付けられています。

② 診療所やクリニックの医師

　地域には、様々な診療科を標榜する診療所やクリニック（以下、診療所）が点在しています。利用者の「かかりつけ医」として、ケアマネジャーとの関わりも深くなります。ケアマネジャーにとって診療所の医師は、地域に根差した医療を担う心強い存在といえるでしょう。しかし、診療所の医師との連携は、なかなか難しい場合もあります。

　診療所の医師は、外来を中心に診療しています。例えば、朝9時から12時、午後3時から夜7時までは外来診療、昼時間に訪問診療、夜7時以降は往診対応、という診療所もあります。診療所の医師の多くは、地域の医師会に所属しているので、休診日や昼時間には、医師会業務や地域の学校医、介護保険認定審査会の委員など、休みなくフル稼働していることも多いようです。

　ケアマネジャーが診療所の医師と連携する場合に気をつけることは、「忙しい時間帯を避けて連絡をする」ということです。外来患者が混んでいる時間帯に、診療所で長々と相談をするのは禁物です。直接医師と話をしたい場合でも、まずは診療所の受付事務に連絡をして、何時頃なら相談できるかを確認するなどの配慮が必要です。細かい心配りが医師との信頼関係に繋がります。地域医療を支える診療所の医師とは、利用者の暮らしを支えるパートナーとして信頼関係をつくることが、ケアマネジャーの腕の見せ所です。

③ 在宅医療専門の医師

　最近では、外来診療を行わない、在宅医療専門の医療機関も増えています。通院していた高齢者が、寝たきりや認知症などで通院できない場合や、終末期で在宅看取りを希望する場合などは、外来診療から在宅診療に切り替えることが必要です。自宅で最期を迎えたい高齢者の希望を叶えるためにも、24時間365日の在宅医療はなくてはならないものです。

　在宅診療の方法は、2種類あります。「訪問診療」と「往診」です。「訪問診療」は、患者の自宅に「計画的」に出向いて診療を行うものです。一方「往診」は、患者の求めに応じて患者宅に赴き診療を行うものです。特に終末

の高齢者の在宅療養を支える訪問診療は、ケアマネジャーとの関わりが深い医療といえます。

在宅医療専門の医師は、24時間365日体制が基本です。在宅療養支援診療所や機能強化型在宅療養支援診療所として届け出をしています。24時間365日体制なので、常に連絡を取ることは可能ですが、訪問中や移動中は電話に出られないこともあります。医師の状況に配慮した連携の取り方が必要です。

在宅診療の医師との連携は、ケアマネジャーにとって大変重要です。在宅での暮らしを最期まで支える医師の役割を、ケアプランにしっかりと位置付けておくことが必要だからです。

最近では、医師もケアマネジャーも双方に忙しいため、ICT（情報通信技術：Information and Communication Technology）を活用した連携が進んでいます。ICTは、医師を含めた在宅チームがメーリングリストで繋がり、リアルタイムなコミュニケーションを図るためのツールとして有効です。ただし、大事な内容を伝える場合は、可能な限り直接会って話すことをお勧めします。利用者の小さな変化や、家族の微妙な感情変化などは、ICTでは伝えきれないこともあるからです。状況に応じて使い分けることが必要です。

在宅療養支援診療所、病院の概要

図2 在宅療養支援診療所・病院の概要

在宅療養支援診療所

地域において在宅医療を支える24時間の窓口とし て、他の病院、診療所等と連携を図りつつ、24時間 往診、訪問看護等を提供する診療所

【主な施設基準】
① 診療所
② 24時間連絡を受ける体制を確保している
③ 24時間往診可能である
④ 24時間訪問看護が可能である
⑤ 緊急時に入院できる病床を確保している、 連携する保険医療機関、訪問看護ステーションに
⑥ 適切に患者の情報を提供している
⑦ 年に1回、看取りの数を報告している

注1：④、⑤の訪問看護、緊急時の病床確保 については、連携する保険医療機関や訪問看護 ステーションにおける対応でも可

機能を強化した在宅療養支援診療所・病院

複数の医師が在籍し、緊急時の往診と看取りの実績を有する医療機関（地域で複数の医療機関が連携して 対応することも可能）が往診料や在宅医学管理等に行った場合に高い評価を行う。

【主な施設基準】
① 在宅医療を担当する常勤の医師が3名以上配置
② 過去1年間の緊急の往診の実績を5件以上有する
③ 過去1年間の在宅における看取りの実績を2件以上有している

注3：①の医師数については、他の連携保険医療機関（診療所又は200床未満の病院）との合計でも可

在宅療養支援病院

診療所のない地域において、在宅療養支援診療所と 同様に、在宅医療の主たる担い手となっている病院

【主な施設基準】
① 200床未満の病院又は4km以内に診療所がない
② 24時間連絡を受ける体制を確保している
③ 24時間往診可能である
④ 24時間訪問看護が可能である
⑤ 緊急時に入院できる病床を確保している
⑥ 連携する保険医療機関、訪問看護ステーションに 適切に患者の情報を提供している
⑦ 年に1回、看取りの数を報告している

注2：④の訪問看護ステーションにおける評価は、 連携する保険医療機関や訪問看護ステーションにおける対応でも可

出典：「社会保障審議会医療保険部会における主な議論に関する参考資料（平成25年5月29日）」、厚生労働省、2013年

④ 施設などに勤務する医師

　介護老人保健施設には、常勤の医師が配置されています。入所は、医師を交えた多職種で行う「入所判定会議」を経て決まります。介護老人保健施設は、リハビリを実施し在宅復帰を目指す施設なので、ケアマネジャーの関わりも多いといえます。入所の目的を明確にすることで、介護老人保健施設と在宅チームの連携が可能になります。ケアマネジャーから入所前の在宅の様子を伝えるためには、在宅時のケアプランが大変有効です。

　最近では、長期的な入所や看取り入所などに対応する介護老人保健施設もあります。

　また、老人福祉施設(特別養護老人ホーム)や認知症対応型共同生活介護(グループホーム)等には、嘱託医が配置されています。必要に応じて入居中の利用者の診察や健康管理などを行います。

　短期入所生活介護(ショートステイ)の場合は、ショートステイをしている施設の医師が主治医になるのではなく、「在宅かかりつけ医」がショートステイ中でも主治医になります。

　今後は、施設の医師と在宅かかりつけ医が連携をする必要もあるでしょう。施設利用をする場合は、各施設の医師の体制を確認しておくことが大切です。

(2) 看護師

　医師と同様、看護師もいろいろな場所で活躍しています。病院や診療所の外来、病棟、手術室、訪問看護ステーション、訪問入浴サービス、介護施設など、それぞれに看護師としての役割があります。最近では、病棟や地域医療連携室に退院調整看護師を配置している病院もあります。ケアマネジャーは、どこの看護師と、どのような連携をする必要があるかを考えて動かなければなりません。

　ここでは、ケアマネジャーと関わりの深い医療職として、①病院や診療所の外来看護師、②病棟看護師、③退院調整看護師、④訪問看護ステーションの看護師について説明します。

① **外来看護師**

　病院や診療所には、外来看護師がいます。病院の場合は、通常の外来看護師と、救急外来の看護師がいます。

　ケアマネジャーは、利用者の受診に付き添った際は、必ず外来看護師と顔を合わせます。定期的に通院している場合などは、利用者やケアマネジャーの顔と名前を覚えてくれることもあるでしょう。利用者や家族が主治医に伝えきれなかった情報や、事実と異なる内容などは、外来看護師から主治医に伝えてくれることもあります。外来看護師は、ケアマネジャーの心強い味方です。

　一方、救急外来の看護師の場合は、1分1秒を争う迅速な対応が求められます。救急搬送時は、ゆっくり丁寧に事情を説明している暇はありません。ケアマネジャーには、必要な情報を的確に、簡潔にまとめて伝えることが求められます。スピード感をもって連携を図ることが大切です。

② **病棟看護師**

　利用者が入院すると、病棟の看護師が中心となり看護ケアの計画をたてます。早期治療、早期退院を目指して、患者の治療やリハビリをサポートします。看護師には、医師の指示の下、「診療の補助」という役割があるため、病棟の主治医と病棟看護師は、常にパートナーとして協働しています。

　ケアマネジャーが病棟看護師と関わる場面としては、利用者の入退院時や、退院前カンファレンスなどがあるでしょう。

　利用者が入院した場合は、入院時、入院中、退院前、退院時等に病棟看護師との関わりがでてきます。

　入院時には、すみやかにケアマネジャーの事業所名や担当者名を伝えておくことが大切です。

　入院中は、退院に向けて治療の経過やリハビリの進行状況などを確認しておきましょう。介護を続ける家族の状況を伝えることも大切です。在宅で準備しておくべきことなどは、早めに確認しておくことが必要です。

　退院前は、具体的な退院日の確認や、退院直前の利用者の病状や心身の状

況について確認しておきましょう。

　退院時は、必ず退院時処方薬の確認をして下さい。病棟看護師へのあいさつも忘れないようにしましょう。

　必要に応じて退院前にカンファレンスが開催される場合もあります。病院の主治医、病棟看護師、セラピストや医療ソーシャルワーカー（ＭＳＷ）等と在宅チームが一堂に会して、利用者の病状、入院中の経過、退院後の留意点などについて共通理解をします。特に、終末期の状態で退院する場合は、丁寧なカンファレンスが必要となります。

　例えば、末期がんで痛みのコントロールを必要とする場合などは、麻薬の取扱いや点滴の管理方法など、医学的管理の説明が加わります。在宅チームの医療職が関わらないと、ケアマネジャーや家族だけでは理解が難しい内容もあります。

　通常、退院前カンファレンスは病院側が開催します。必要に応じて在宅チーム側から開催依頼をする場合もあります。医療機関によって対応は異なりますので、きちんと確認をしておきましょう。

　まずは、ＭＳＷがいる病院か、どこに配属されているか、どこまでの相談に応じてくれるかを確認することから始めましょう。

③　退院調整看護師

　在宅復帰に向けて、スムーズな退院支援を行うため、病棟や地域医療連携室に「退院調整看護師」を配置する病院が増えてきました。退院調整看護師とは、退院支援や退院調整を専門に行う看護師のことです。

　患者や家族にとって、早期退院は嬉しい反面、不安も大きいはずです。早期退院によって、医学的管理が必要な状態のまま退院日を迎えることが増えているからです。

〈医学的管理が必要な状態の一例〉
　①経管栄養や点滴の管が入ったままの退院
　②床ずれなどの処置が必要な状態での退院
　③頻回な痰の吸引が必要な状態での退院

④麻薬を使った疼痛コントロールが必要な状態での退院など

　退院に向けての心強い味方が、退院調整看護師です。患者や家族の病気に対する理解度（病識）を見極め、医療行為を実施するための力量を確認しながら、状況に応じた家族指導を行います。また、在宅チームにいる訪問看護師と緊密に連携し、退院後の支援体制を整えていきます。

　早期退院を目指すことは、患者を1日でも早く「生活者」に戻すことです。そのためには、いかに早く在宅支援体制を整えるかが勝負になります。在宅支援体制が整わないことで、退院日が延びてしまい、その結果患者や家族の一番大切な時間を失うことにもなりかねません。

　退院調整看護師は、主治医や病棟の看護師、他の医療職と連携しながら、患者の命のバトンを在宅チームに繋ぐ重要な役割を担っているといえます。

④　訪問看護ステーションの看護師

　訪問看護ステーションの看護師は、ケアマネジャーにとって一番関わりが深い医療職といえます。特に、訪問診療を受けている利用者の場合は、訪問看護師の関わりは必須です。24時間365日の医学的管理が必要な利用者が多いからです。在宅かかりつけ医だけでは、利用者の24時間を支えることはできません。訪問看護師とパートナーになりながら、在宅療養を支えていきます。

　訪問看護には、2つのパターンがあります。1つは介護保険で入る訪問看護、もう1つは医療保険で入る訪問看護です。医療保険か介護保険かは、利用者の病名や病状、障害の状態等によって決まります。同じ訪問看護ステーションでも、介護保険か医療保険かで制度的な位置付けが変わります。

　介護保険で入る訪問看護は、ケアマネジャーのケアプラン上に位置付けられる在宅サービスの1つです。医師の指示書は必要ですが、ケアプランとの整合性をもった訪問看護サービスの提供が求められます。

　一方、医療保険で入る訪問看護は、特に医学的管理を要する場合に医師の指示によって導入されます。末期がんや難病など、看護師でなければできない医療行為が中心となります。

主治医の「訪問看護特別指示書」により、24時間体制で医療保険で訪問看護が入ることができます。

ケアマネジャーは、介護保険、医療保険にかかわらず、訪問看護師との連携を大切にしましょう。訪問看護師は、かかりつけ医と連携しながら、使命感とスピード感をもって24時間365日利用者の命を支えています。訪問看護師の動きを見極めながら、今、ケアマネジャーとしてやるべきこと、できることを見つけていくことが大切です。

(3) 医療ソーシャルワーカー（MSW）

最近、多くの病院に医療ソーシャルワーカー（MSW：Medical Social Worker）が配置されるようになりました。MSWは、病院の中で働く福祉の専門家です。MSWの多くは、社会福祉士の国家資格を有しています。

患者や家族の療養上の相談をはじめ、様々な制度や社会資源の紹介、転院先との調整、経済的支援など、在宅復帰や転院にむけたあらゆる相談に対応しています。

MSWの役割は、病院がもつ機能によって異なります。ケアマネジャーは、まず自分の利用者がどこの医療機関に入院しているかを確認しましょう。その上で、MSWとどのような連携関係をつくる必要があるかを考えて動かなければなりません。

大学病院、地域病院、回復期病院、療養病院など、MSWの役割は機能によって違います。ケアマネジャーがもっとも多く関わるのは、地域病院のMSWでしょう。地域病院の中には、急性期医療を中心とした病院もあれば、回復期のリハビリを中心としている病院もあります。

地域病院の中で、急性期医療に力をいれている病院のMSWは、短期間で早期退院に向けた退院調整に関わります。多くの救急患者に対応するため、スピード感が求められます。

一方、回復期リハビリテーション病院や療養病院のMSWは、退院前カンファレンスや家屋評価のための自宅訪問等を丁寧に行いながら、時間をかけ

てチームで退院支援をしていきます。ケアマネジャーは、利用者が入院した病院の機能を把握し、MSWがどのような役割を果たしているかを確認する必要があります。

また、MSWが配置されている部署や名称は、病院によって異なります。MSWだけで1つの部署になっている場合もあれば、地域医療連携室や医療連携センターのように、退院調整看護師など、他の職種と一緒にMSWが配置されている場合もあります。MSWの配置状況について、きちんと確認しておきましょう。

MSWと連携をするために確認すべきこと

① MSWがいる病院かどうかを確認する
② MSWが配置されている部署を確認する
③ MSWの役割について確認する
④ MSW以外の相談職や連携職を確認する

---

(4) セラピスト

　ここでいうセラピストとは、理学療法士、作業療法士、言語聴覚士の総称をいいます。病院によっては、視能訓練士などが加わる場合もあります。

　専門分野は異なりますが、障害の状況に応じて3職種が連携しながらリハビリテーションを実施します。

　身体機能のうち、筋力や座位保持、歩行などの基本動作の回復に向けたリハビリは理学療法士、指先の動きや細かい動作など応用動作と社会適応に向けたリハビリは作業療法士、言語や聴覚などの障害に対する指導やリハビリは言語聴覚士が担っています。

① 理学療法士「Physical Therapist (PT)」
　病気やケガなどで、身体に障害のある方や障害が予測される方に、日常生活での基本動作（起きる、座る、立つ、歩くなど）の機能回復・維持・悪化防止のための訓練を行う、「動作の回復を支援する専門家」です。運動療法や物理療法などを用いて自立した日常生活が送れるように支援します。関節可動域の拡大や麻痺や痛みの軽減などを目指します。

② 作業療法士「Occupational Therapist (OT)」
　日常生活に必要な応用動作と社会適応能力の回復を目的に、心と身体の訓練を行う「生きがいを支援する専門家」です。身体・精神・発達・老年期の4分野にわたる幅広い領域を対象にしています。食事、排泄、入浴など日常生活動作や、社会適応をめざした訓練を行います。料理や掃除などの訓練では、レクリエーションや創作活動も訓練の手段として用います。

③ 言語聴覚士「Speech-Language-Hearing Therapist (ST)」
　話す、聞く、表現するなど、言葉によるコミュニケーションや嚥下に問題がある方々の社会復帰に向けた訓練を行う「コミュニケーションを支援する専門家」です。失語症、構音障害などの言語障害や、ことばの発達の遅れ、発音障害など、コミュニケーションの問題について検査や評価を行い、訓練や指導・助言を行います。また、医師や歯科医師の指示のもと、嚥下訓練や人工内耳の調整なども行います。

　セラピストは、高齢者の暮らしを支えるためにはなくてはならない存在です。体力や気力が低下している高齢者の回復は、若い人と違い時間がかかります。セラピストは、高齢者一人ひとりの状況を丁寧にアセスメントしながら、回復に向けた「意欲を引き出すプロフェッショナル」です。回復に向けたリハビリは、本人の意欲がもっとも大切なのです。
　そのためには、目標の設定が重要です。何を目標にリハビリをするのか、どこまで回復したいのかは、一人ひとり違います。「1人で自宅のトイレに

行けるようにしたい」「近所の図書館まで行けるようにしたい」「家族と旅行に行きたい」など、目標のレベルは人それぞれです。また、これから始まる介護を考えると、家族が目指してほしい目標もあるでしょう。

　本人の目標とリハビリへの意欲は切り離せないものです。ケアマネジャーは、セラピストと一緒に本人の意欲を支えていく大切な役割を担っています。

　リハビリテーションには、急性期のリハビリと維持期のリハビリ、医療保険で行うリハビリと介護保険で行うリハビリがあります。

　急性期のリハビリでは、基本動作をはじめ、早期退院に向けた機能回復が目的になります。主に医療保険で行われます。最近は、手術終了後の翌日からでもリハビリが開始されるようになりました。早期リハビリが、早期退院への近道になるといえます。

　一方、維持期のリハビリは、急性期のリハビリで回復した機能を、生活の中で活かし続けることを目的としたリハビリです。主に介護保険で行われます。

　リハビリテーションの語源はラテン語で、re（再び）＋ habilis（適した）、すなわち「再び適した状態になること」「本来あるべき状態への回復」などの意味を持っています。心身機能は使わなければ確実に衰えます。特に高齢者の場合は、健康な人であっても年をとることで生活全般で機能低下が起こりやすくなります。筋力の脆弱化（サルコペニア）や社会性の低下から始まる虚弱（フレイル）など、要介護状態に繋がる要因は暮らしの中で起こっています。高齢者の暮らしが、再び適した状態へ回復するよう、ケアマネジャーはリハビリの視点を忘れないことが大切です。

(5)　歯科医師

　歯科医師は、歯のことだけでなく口腔全般のスペシャリストです。多岐にわたる健康分野の中で、歯や口腔機能の健康は欠かせません。

　例えば8020運動のように、自分の歯で最後まで食べられるよう、予防歯

科に力を入れるクリニックも多くなってきました。また最近では、飲み込みの状態など嚥下評価を行う歯科医も増えています。口腔機能の低下はフレイルとも関連が強いことが分かっています。

　口腔機能を維持するためにも、まずは「かかりつけ歯科医」をもつことが大切です。身体の健康は「かかりつけ医」に、歯や口腔の健康は「かかりつけ歯科医」に、と決めておくと安心です。虫歯や歯周病の治療だけでなく、定期的に歯や口の健康状態を診てもらうことができます。

　また、市区町村の歯科医師会などでは、歯科検診事業にも取り組んでいます。介護予防事業や口腔機能向上のための勉強会などに参加することも効果的です。

　口は、人間の身体の中でもっとも使われている器官でありながら、つい後回しにされてしまいがちです。ケアマネジャーは、利用者のケアプランを作成する際には、必ず口腔内の状況についてアセスメントをしましょう。高齢者の健康と暮らしを支えるために、歯科医師との連携に積極的に取り組むことが大切です。

(6) 薬剤師

　かつて、薬剤師は病院の中にいるイメージでしたが、近年では、調剤薬局やドラッグストアなど、地域の中で活躍する薬剤師が増えてきました。

　薬に関しては、大変根深い社会問題となっているものがあります。高齢者は複数疾患を抱えている場合が多く、同じ症状でいくつもの医療機関を受診し、何種類もの薬を処方されていることがあります。その結果、健康被害を受けている状態をみかけます。これを「ポリファーマシー」と呼んでいます。ポリファーマシーとは、一般的には「多剤併用の患者で、薬剤による有害事象が起こっている状態」をいいます。

　また、医師の指示どおりに服薬ができない高齢者もいます。薬は溜まっていく一方で、押し入れの中から溢れるほど薬や湿布がでてくることもあります。これは、「服薬コンプライアンスの問題」といえます。服薬コンプライ

アンスとは、患者が医師の指示した用法・用量を守ってきちんと薬を服用することです。医師にとって服薬状況の情報は、治療方針に影響する大変重要な情報といえます。

　薬は出しすぎても、足りなくても効果は期待できません。しかし高齢者の中には10種類以上もの薬を、1日3回、プラス就寝前に飲んでいる人も多くいます。飲み分けるだけでも大変な労力です。

　さらに、認知機能の低下は、服薬管理を困難にさせます。独居の場合は、服薬の確認自体が難しくなります。服薬に関するサポートを必要とする高齢者は、想像以上に多いかもしれません。

　薬は、過剰服用でも過小服用でも効果に影響がでるものです。だからこそ、利用者の暮らしを支える医師と、薬剤師とケアマネジャーの適切な連携が必要です。ケアマネジャーは、薬を通じて暮らしの情報を薬剤師と共有しながら、高齢者の健康を守っていく役目があるといえます。

(7) 管理栄養士

　高齢者の健康な暮らしを支えるためには、高齢者に合った栄養管理が大切です。若い頃のように、過度な食事制限によるダイエットやメタボ予防などは、高齢期の食生活には不向きです。栄養状態の悪化は、フレイルに繋がることが分かっています。誤った知識で偏った食事を続けると、健康を守れなくなるだけでなく、食事への楽しみも半減してしまいます。その時に頼れる専門職が、訪問栄養指導をしてくれる管理栄養士です。

　訪問栄養指導では、通院が困難な在宅療養者に対して、管理栄養士が定期的に自宅を訪問し、療養に必要な栄養指導を行います。訪問栄養指導には医療保険を使う場合と、介護保険を使う場合があります。医療保険では「在宅患者訪問栄養食事指導」、介護保険では「居宅療養管理指導」といい、月2回まで訪問栄養指導を行うことができます。

　医療保険では、腎臓病食や糖尿病食などのように、特別な食事や栄養管理

が必要であると医師が判断し、「要介護認定を受けていない高齢者」が対象です。

一方、介護保険では、「特別食を必要とする病状」や、「低栄養状態」と医師が判断した、「要介護認定を受けている高齢者」が対象となります。

例えば、誤嚥性肺炎を繰り返す利用者の場合は、飲み込みやすい食べ物や食べ方の工夫、とろみ剤の使い方や調理法などについて指導を行います。ケアマネジャーは、訪問看護師やヘルパー等から食事に関する情報を集め、必要に応じて訪問栄養指導に繋げます。タイミングが大切なので、ケアマネジャーのアセスメント力が問われるところです。

訪問栄養指導ができる管理栄養士は、病院や診療所やクリニックなど、在宅医療を行っている医療機関に配置されていますが、まだまだ少ないのが現状です。今後は、栄養ケアを提供する地域密着型の拠点として、「栄養ケアステーション」の設置が進められていきます。食に関する幅広い知識と経験のある管理栄養士が、地域の栄養マネジメントを展開していくことが期待されています。

3 医療職と連携するポイント

これまで、ケアマネジャーとの関わりが深い医療職の紹介をしました。それぞれの医療職で必要とする情報や連携方法には違いがありますが、どの医療職と連携する上でも、ケアマネジャーが守るべき共通のポイントがあります。

連携の共通ポイント

① アポイントを取る（特に、直接会う場合）
② スピード感を合わせる
③ 医療職のルールを知る
④ 医療職がほしい情報を伝える
⑤ サービス担当者会議を開催する
⑥ ケアプランを渡す
⑦ ケアマネジャーの判断を持つ
⑧ 利用者の暮らしを支えきる覚悟を持つ

① アポイントを取る

　医師をはじめ、医療職に直接会う場合は、必ずアポイントを取りましょう。ケアマネジャーの中には、アポイントを取らず、直接病院や診療所などを訪れる人がいます。

　例えば、診療所の医師からは、「ケアマネジャーが外来中に突然やってきて、『挨拶だけ』と言いながら長々と利用者の様子を話していく。外来患者を待たせているのに、連絡もなく来られても困る」という話を聞くことがあります。

　また、病院の医師からも、「利用者の診察に付き添ってきたケアマネジャーが、診察室に入ってきた途端に相談を始める。相談は別の時間でアポイントを取ってもらわないと困る」という声もあります。

　忙しいケアマネジャーにとっては、受診同行訪問のついでに相談したい、という気持ちは分かります。しかし、多職種連携では、相手の立場や状況への配慮は当たり前のことです。この配慮ができないケアマネジャーは、マネジメントのプロとはいえません。医療職と連携する場合は、「まず、アポイント」を心がけましょう。電話1本でいいのです。「これから伺ってもいいですか？」「利用者の状況報告だけなので、3分だけお時間もらえますか？」など、相手に時間の目安が分かるように配慮することが大切です。

② スピード感を合わせる

　医療職とケアマネジャーや介護職では、動き方や考え方、コミュニケーションのスピード感が違います。特に、患者の命の1分1秒を預かる医師や看護師の場合は、簡潔明瞭なコミュニケーションが求められます。

　医師や看護師からの質問には、まず「結論」から伝えましょう。余分な説明は後回しでいいのです。また、ケアマネジャーが医師や看護師に質問する場合でも、できるだけ簡潔にまとめて質問しましょう。

　利用者や家族が一緒の場面では、ケアマネジャーは利用者や家族側に立たなければなりません。医師や看護師のスピード感のある話し方に、利用者や家族がついていけないこともあります。その時は、「もう少しゆっくり話し

てもらえますか？」「もう一度説明をお願いできますか？」など、利用者や家族側に立ってスピード感を調整することも大切です。

③ 医療職のルールを知る

医療と介護は、「異文化」です。教育課程も考え方も言語も異なります。そのため、コミュニケーションの取り方が難しいと感じるかもしれません。

ケアマネジャーや介護職が医療職と連携するためには、医療のルールを知ることが大切です。

例えば、ケアマネジャーが、利用者や家族に「入院したほうがいい」などと安易に発言してはいけません。なぜなら、入院の必要性を判断するのは医師の仕事だからです。

また、かかりつけ医がいる場合は、ケアマネジャーがかかりつけ医に相談することなく、別の病院受診を薦めるということもルール違反です。かかりつけ医の存在を無視した行為と受け取られかねません。

治療や入院の必要性は、医師が判断することです。かかりつけ医がいる場合は「まず、かかりつけ医に相談」、これは医師と連携するためのルールです。医師からの信頼を得るためにも、医療のルールを知っておきましょう。

④ 医療職がほしい情報を伝える

ケアマネジャーは、利用者の情報をエピソード満載で伝える傾向があります。利用者の暮らしの様子や変化を伝えたい気持ちは大切ですが、医療との連携においては、伝え方に工夫が必要です。

まず、ケアマネジャーが伝えたい情報は、医療職が必要としている情報かどうかを考えてみましょう。医師は治療に必要な情報を、看護師は看護ケアに活かせる情報を必要としています。ケアマネジャーにとって大切な情報が、医療職も必要とは限りません。医療職が必要な情報を提供できるケアマネジャーになりましょう。

また、医療職に相談をする際は、初めに「何を相談したいか」を明確に伝えましょう。ケアマネジャーの特徴として、話の最後に主訴を伝えることが

多いようです。医師や看護師への質問は「簡潔明瞭に」、話は「結論から」が基本です。前置きの説明が長すぎると、「で、何が言いたいの？」と医療職はイライラしてしまいます。医療職の特徴をとらえながら、良好な連携関係が築けるように心がけましょう。

⑤　サービス担当者会議を開催する

　医療職を交えたサービス担当者会議を、きちんと開催していますか？　「医師は忙しいから」と勝手に決めつけて、医師を呼ばずにサービス担当者会議を開催していませんか？

　中には、主治医に事前の照会をしていないのに、要点記録には、「○○先生からのコメント」と書いているケアマネジャーがいるようです。主治医からすれば、「サービス担当者会議に呼ばれてもいない、事前に問い合わせがきたわけでもないのに、『○○先生からのコメント』とは一体どういうことか？」と不愉快になるはずです。これでは信頼関係は構築できません。

　サービス担当者会議とは、在宅支援チームの「プロフェッショナル会議」です。そこに利用者や家族を交え、より利用者らしい暮らしの実現を目指す「チーム会議」でもあります。

　ケアマネジャーは、医師や看護師、介護サービス事業者等の多角的な視点を踏まえて、より精度の高いケアプランを目指します。サービス担当者会議は、利用者や家族の「よい変化」を一緒に喜び、もう少し努力が必要なことは一緒にがんばるというチーム意識を高める場でもあります。

　サービス担当者会議を、しっかり開催して下さい。

⑥　ケアプランを渡す

　ケアマネジャーは、自分が作ったケアプランを、医療職に渡しているでしょうか？　利用者や家族、介護サービス事業者には渡しますが、病院の医師や診療所の医師には渡していないというケアマネジャーが多いように思います。

　ケアプランを医師に渡すということは、利用者がどのような気持ちで暮らしているか、他の職種がどのように利用者の暮らしに関わっているかを医師

に知ってもらう機会になります。

　ケアプランを渡さないということは、医師をチームの一員と認めていないことになります。医師がケアプランを必要とするかどうかではなく、ケアマネジャーは、ケアプランを「医師に渡す責務がある」と理解しましょう。それが、「マネジメントのプロ」としてのケアマネジャーの仕事です。

⑦　ケアマネジャーの判断を持つ

　医師とケアマネジャーは、時に判断が異なる場合がありますが、必ずしも医師の意見が優先されるとは限りません。

　なぜなら、医師は病気のプロであっても、「生活のプロ」ではないからです。利用者の「生活」については、ケアマネジャーの方がたくさん情報を持っています。利用者や家族の本音を引き出せるのも、ケアマネジャーです。

　在宅療養を支えるチームにおいては、ケアマネジャーと医療職は上下関係ではありません。利用者の暮らしを支える対等なパートナーです。ケアマネジャーは、利用者の暮らしを支えるチームのマネジメント役として、「根拠ある判断」ができる力をつけていきましょう。

⑧　利用者の暮らしを支えきる覚悟を持つ

　これからのケアマネジャーには、利用者の暮らしを最後まで支えきる「覚悟」が必要です。この「覚悟」を医療職と共有できないと、人生の最終段階を支えるチームにはなれません。

　在宅療養中の利用者が、病院に救急搬送されて来た際、家族からこんな言葉を聞いたことがあります。「本人の希望で、最期まで自宅で看取りたいと思っていたのですが、ケアマネジャーや訪問看護師から『これ以上在宅は無理！すぐに入院したほうがいい』と強く勧められて救急車を呼びました。このまま自宅に帰ることはできないでしょうか？」という話でした。本人と家族の「心構え」ができているのに、ケアマネジャーや関係者の「覚悟」ができていないのは本末転倒です。医療職と介護職が連携することの意義は、本人や家族が望む暮らしを「最後まで支えきること」です。本人や家族の心構えは、常

に不安や迷いでグラグラと揺れ動きます。その心の揺れを、ケアマネジャーはしっかりと受け止め、「安心」に変えていく大切な役割があるのです。

4 ケアマネジャーに必要な医療知識

　病名や病状、薬の名前や検査データ、医療の専門用語など、「医療知識」といわれるものはたくさんあります。ケアマネジャーは、どこまでの医療知識をもっていればよいのでしょうか。

　ケアマネジャーに必要な医療知識とは、「ケアマネジメントに活かせる医療知識」です。利用者の状況をアセスメントし、ケアプランを作成し、在宅療養を支えるチーム形成に活かせる医療知識が必要なのです。そのためには、チームとなる多職種の特徴やルールを知ることが大切です。

　例えば、サービス担当者会議などで意見を出し合う場合、主治医の立場や役割を知ることで、治療方針や医師の考え方を理解することができます。何を大事にしている医師なのか、主治医としてケアマネジャーに求めることは何かを知ることは、ケアマネジメントに活かせる医療知識といえるでしょう。また、連携をする際の主治医と訪問看護師の関係性やルールを知ることも同様です。

　「ケアマネジャーに必要な医療知識」とは、病名や検査データや医療用語ではなく、多職種を繋ぐマネジメントに活かせる知識です。病名は調べればいいし、検査データや薬の効能が分からなければ医師や薬剤師に聞けばよいのです。

5 病気と薬

　高齢者は、何らかの病気があり、何種類かの薬を服用している人が多くいます。高齢者の病気と薬は、切っても切れない関係です。病気の治療には薬が有効であり、服薬によって病気の再発予防にも繋がります。ところが、逆に薬が病気を誘発してしまうこともあります。それがポリファーマシー（多剤併用）です。

> 例えば、
> 首が痛い→首の痛みをとりたい→整形外科を受診する→痛み止めが出る→痛み止めを飲む→首の痛みがとれない→別の整形外科を受診する→違う痛み止めがでる→痛み止めを飲む→痛みがとれず頭痛がする→内科を受診する→頭痛薬が出る→頭痛薬と首の痛み止めを飲む→頭痛がとれない→頭痛で眠れない→内科を受診する→眠剤が出る→眠剤を飲む→眠剤を飲んでも眠れない→心療内科を受診する→さらに強い眠剤が出る……

　このように、徐々に服用する薬の数が増えていくのです。次々と薬が増え、気がつくと何種類もの薬を服用しています。その結果、薬の副作用で体調を崩し、食欲は減り、体重も減り、さらに症状は悪化していきます。

　薬はあくまで治療を補助するものです。全面的に薬に依存するのは危険です。そのために、薬の専門家である「薬剤師」がいるのです。

　薬剤師は、薬との上手な付き合い方や禁忌事項などについても教えてくれます。全国的には、かかりつけ薬剤師や健康サポート薬局などの取組も始まっています。健康を守る薬剤師の役割を知っておくことも、大切な医療知識といえるでしょう。

　薬剤師がケアマネジャーに知っておいてほしい薬の知識について、在宅訪問薬剤師に聞きました。今後の薬剤師との連携に活かしてください。

ケアマネジャーに知っておいてほしい薬の知識

① 薬と食品の飲み合わせは？
　かかりつけ薬局の薬剤師に相談。
② 食前・食間・食後の服薬のタイミングは？
　＊食前＝空腹時
　＊食間＝食事と食事の間。服薬の前後2時間は空腹であってほしい。
　＊食後＝食事を食べた後。胃の中に食べ物が残っている時
　　食後は、少しでも胃に何か食べ物が入っていれば十分であり、食事を食べ始めれば、食事中に薬を飲むこともできる。
③ ステロイド外用薬は長期塗り続けてよいか？
　医師の指示で使用する場合は問題なし。自己判断での長期使用はダメ。
④ 口腔ケア介助・服薬拒否等のある難しい方にはどのように接すればよいか？
　薬を飲ませる必要があるかを考えるべき。本人の意思や希望を明確にし、病状と状況に合わせて考えていく必要がある。かかりつけ薬局の薬剤師から医師に相談してもらうこともできる。
⑤ かかりつけ薬局に、他の薬局でもらった薬のことも相談してよいか？
　もちろん、よい。他の薬局で薬をもらった場合でも、かかりつけ薬局に相談できる。

6 連携に役立つコミュニケーション

　連携に役立つ専門用語はありません。大切なのは、連携に活かせるコミュニケーションの工夫です。医療職とのコミュニケーションには、ケアマネジャーとしての判断も求められます。自信をもって対応するためのコミュニケーションのコツをご紹介します。

> **医療職との信頼関係をつくるコミュニケーションのコツ**
>
> ① 話は結論から
> ② 要点をまとめて簡潔に
> ③ 相手が聞きたいことから話す
> ④ 会話のテンポを合せる
> ⑤ 報告、連絡、相談、挨拶を明確にする
> ⑥ 誠実に話す
> ⑦ ビクビクしない
> ⑧ 笑顔で話す

特に医師との連携では、⑤は重要です。お互いに忙しいので、相手の時間に対する配慮が求められます。少しの配慮で、ケアマネジャーへの信頼感が格段に増すはずです。

> **医療職と会話が続くためのキーワード**
>
> ① なるほど。
> ② 分かりました。
> ③ もう一度お願いします。
> ④ 申しわけありません。
> ⑤ 勉強になりました。
> ⑥ 違う意見を持っています。
> ⑦ このように判断しました。
> ⑧ また、ご相談させてください。

ごく当たり前の相づちや単語ですが、タイミングよく活用するとメリハリのあるコミュニケーションになります。ぜひ実践してみてください。

【引用、参考文献】
・『医療から逃げない！ケアマネジャーのための医療連携Q＆A（入門）』高岡里佳著、公益財団法人東京都福祉保健財団、2013年
・「社会保障審議会医療保険部会における主な議論に関する参考資料（平成25年5月29日）」厚生労働省、2013年

Step 3 ケアマネ必須の多職種連携

1 よく関わる医療以外の職種・機関等

　ケアマネジャーは、自分だけでは利用者の暮らしを支える支援はできません。どれほど素晴らしいケアプランを作っても、それを実践するチームがなければ、ケアプランは動きません。

　ケアマネジャーの仕事は、医療職や介護職の力を活かして、利用者の暮らしを支える「チーム」をつくることです。さらに、インフォーマルな地域の力を繋げることで、より利用者らしいケアプランを目指していきます。

　Step3 では、ケアマネジャーが深く関わる医療職以外の職種をご紹介します。**ケーススタディ編**の事例に登場する介護や福祉の専門職や、地域の社会資源を中心に解説をしていきます。

よく関わる医療以外の職種・機関等	
（1）訪問介護	（8）行政
（2）訪問入浴	① 生活保護ケースワーカー
（3）福祉用具	② 障害福祉相談支援専門員
（4）住宅改修	（9）インフォーマルサービス・サポート
（5）地域包括支援センター	① 配食サービス
（6）社会福祉協議会	② 認知症カフェ
（7）民生委員・児童委員	（10）成年後見制度

(1) 訪問介護

　訪問介護は、利用者の自宅を訪問して介護を提供するプロフェッショナルです。利用者のもっとも身近にいる職種であり、利用者や家族の暮らしの様子を一番把握しているといえます。訪問介護には、「サービス提供責任者」と「訪問介護員（以下、ヘルパー）」がいます。利用者に直接介護サービスを提供するのはヘルパーですが、ケアマネジャーが主に連携するのはサービス提供責任者です。

　ヘルパーは、利用者らしい暮らしの環境を整えるためのケアを提供します。食事、排泄、入浴などの直接介護、居心地よい空間づくりのための生活援助など、ヘルパーの仕事は多岐にわたります。ヘルパーは、利用者や家族の様子や小さな変化をとらえ、サービス提供責任者へ報告します。

　サービス提供責任者は、ヘルパーの活動状況を把握し、ヘルパー業務の全体的な管理を担っています。ヘルパーから利用者の報告を受けて、支援困難な利用者や家族等の支援にあたります。

　サービス提供責任者からの情報を、ケアプランに反映するのはケアマネジャーの役割です。利用者のケアプランに日々の様子や変化の状況を活かすためには、サービス提供責任者との連携は欠かせません。利用者の暮らしを支えるチームの一員として、訪問介護事業者の仕事を理解しておきましょう。

　また、ケアマネジャーが利用者の自宅を訪問した際、ヘルパーと顔を合わせることもあります。その時は、担当ヘルパーへの挨拶と感謝を忘れないようにしましょう。

(2) 訪問入浴

　訪問入浴サービスは、自宅の浴槽では入浴が困難な在宅療養者に対し、自宅内に浴槽を持ち込んで入浴の機会を提供する専門職です。介護職と看護師がチームで自宅を訪問します。

　入浴時は、利用者の全身状態の把握をします。看護師が体温や血圧を測り、体調や病状の様子を確認しながらケアを提供します。

　入浴は利用者にとって楽しみのひとつです。顔も体もさっぱりすれば、気分よく過ごすことができます。一緒に暮らす家族も気持ちよくいられます。

　末期がんのように、最期の時間が近づいている利用者の場合は、あと何回入浴できるか分かりません。利用者の生活の質（QOL）を高めるためにも、訪問入浴の活用は重要です。

　また、訪問入浴は、入浴ケアを通じて、利用者の全身状態を把握する目的もあります。普段のケアだけでは確認しきれない部分も、入浴時には確認することができます。訪問入浴の情報は、個別サービス計画に活かせるよう、ケアマネジャーを通じて訪問介護や訪問看護などに情報共有をすることが大切です。

(3) 福祉用具

　利用者の暮らしを劇的に変える社会資源のひとつが福祉用具です。福祉用具は生活の困りごとを助けるツールであるとともに、意欲と社会性を高める大切な手段でもあります。ケアマネジャーは、福祉用具を「単なる道具」ととらえてはいけません。利用者のQOLを高める方法として、ケアプランに位置付けていく必要があります。

　時々、退院前の準備として「とりあえずベッド」「とりあえず車いす」というケアマネジャーがいます。この「とりあえず」の意味をケアマネジャーがどのようにとらえているかで、福祉用具の意義が大きく変わってきます。

　楽に起き上がりや立ち上がりをするための「単なる道具」としてとらえれ

ば、ベッドはただの便利なものにすぎません。一方、自分の力で起き上がりや立ち上がりを助ける「自立を助ける手段」としてベッドをとらえれば、ベッドは単なる道具ではなくなります。介護者の介護負担の軽減を目的とすることも重要な視点です。ケアマネジャーのアセスメント一つで、福祉用具を活用する意味が大きく変わるのです。ケアマネジャーのアセスメントが、自立支援の根拠になるという責任の重さを肝に銘じておきましょう。

図1 福祉用具は「自立を助ける手段」

また、福祉用具には、医療機器の貸与も含まれます。医療的ケアを必要とする在宅療養者にとって、医療機器は、ＱＯＬを高めるとともに、在宅療養を続けるためになくてはならないものです。

例えば、退院後も呼吸苦が続く場合や、たんの排出ができない場合などは、在宅でも吸入器や吸引器が必要です。また、腕や足の動きを補助するリハビリ機器なども福祉用具で貸与できます。いずれも、医師の指示が必要です。

在宅での暮らしを支える様々な福祉用具は、本人や家族、主治医や医療・介護関係者と相談しながらケアプランに位置付けていきます。

もっとも大切な、「自立支援のための福祉用具の活用」という視点を忘れないようにしましょう。

(4) 住宅改修

　福祉用具の活用と合わせて、住宅改修は生活環境を整える重要な方法です。単なる段差の解消や手すりの取り付けではなく、「自立支援」の理念に基づいて行われなければなりません。

　住宅改修は、利用者の身体状況、生活状況、精神状態、家族の介護状況等に配慮しながら改修内容を検討する必要があります。その際、ケアマネジャーだけで検討するのではなく、理学療養士や作業療法士などのセラピストにも意見を聞くことが大切です。住宅改修の仕方によっては、利用者の自立を阻害する要因にもなりかねないからです。

　「歩行が困難だから手すりが必要」と、部屋中に手すりを設置するのは住宅改修の本質ではありません。バリアフリーにすれば「安心」ということでもないでしょう。家具の移動で動線をつくることもできます。室内用の杖を利用したり、歩きやすい履物にしたりすることで、少しの段差なら足があがるかもしれません。

　ケアマネジャーは、利用者の暮らしやすさと、介護者が介護しやすい環境づくりの視点が大切です。そして、利用者の力を最大限に活かせる住宅改修では、医療や介護の専門的意見をふまえたケアマネジャーの判断が大切です。その上で、住宅改修が必要と判断した場合は、改修業者と綿密に打ち合わせをしながら、自立を支援できる住宅改修を目指しましょう。

(5) 地域包括支援センター

　地域包括支援センターは、2006（平成18）年の介護保険制度改正において、それまでの在宅介護支援センターの機能を充実させるために創設されました。原則として、保健師（又は経験のある看護師）、社会福祉士、主任介護支援専門員の3職種が連携をしながら業務にあたっています。

　地域包括支援センターの業務は多岐にわたります。市民の相談に対応する「総合相談窓口」であるとともに、介護、福祉、医療、介護予防、虐待防止など、

必要な支援に繋がるよう、地域に応じた体制を整えています。

　ケアマネジャーは、地域包括支援センターとの連携は欠かせません。地域包括支援センターは、「ケアマネジメント支援」の機能をもっているからです。末期がんや進行性難病など、難しい医療連携が必要な高齢者や、複雑な多問題を抱えた高齢者の支援では、ケアマネジャーと一緒に在宅療養体制を整えてくれます。

　また、認知症支援を推進するために、「認知症地域支援推進員」という仕組みができました。平成30年度までに、一定の研修を受けた者が、地域包括支援センターや市町村などに配置されることになっています。

○認知症地域支援推進員とは
　認知症の人が住み慣れた地域で安心して暮らし続けるためには、認知症の容態の変化に応じすべての期間を通じて必要な医療・介護等が有機的に連携したネットワークを形成し、認知症の人への支援を効果的に行うことが重要です。このため、市町村ごとに、地域包括支援センター、市町村、認知症疾患医療センター等に認知症地域支援推進員を配置し、認知症疾患医療センターを含む医療機関や介護サービス及び地域の支援機関の間の連携を図るための支援や、認知症の人やその家族を支援する相談業務等を行います。

○認知症地域支援推進員の活動
　推進員活動は、それを通じて市町村のめざす姿に近づくことを目標としていますが、それは国がめざす「新オレンジプラン：認知症高齢者等にやさしい地域づくりの推進」の一環であり、かつ地域包括ケアシステム構築の一助となるものです。この「新オレンジプラン」では、認知症地域支援推進員を2018（平成30）年度からすべての市区町村で実施することを目標にしています。

○研修対象者
　研修対象者は、市区町村において推進員として配置が予定されている者、及びすでに配置されている者（推進員としての経験年数を問わず）であり、以下のいずれかの要件を満たした者です（厚生労働省 全国介護保険・高齢者保健福祉担当課長会議　平成29年3月10日に基づき、平成29年度より拡大）。

> ①認知症の医療や介護における専門的知識及び経験を有する医師、歯科医師、薬剤師、保健師、助産師、看護師、准看護師、理学療法士、作業療法士、社会福祉士、介護福祉士、視能訓練士、義肢装具士、歯科衛生士、言語聴覚士、あん摩マッサージ指圧師、はり師、きゅう師、柔道整復師、栄養士、精神保健福祉士又は介護支援専門員
> ②上記①以外で認知症の医療や介護における専門的知識及び経験を有する者として市町村が認めた者(例:認知症介護指導者養成研修修了者等)

出典:認知症介護情報ネットワークホームページ

　ケアマネジャーにとって、地域包括支援センターは一番身近な相談窓口ですが、利用者の居住地によって担当の地域包括支援センターが変わるため、連携の難しさを感じることもあるでしょう。そのため、地域包括支援センターが主催する勉強会や事例検討会などに積極的に参加をしながら、日頃の付き合いをしておくことが大切になります。

(6) 社会福祉協議会

　社会福祉協議会(以下、社協)は、社会福祉法に基づき、全国、都道府県、市区町村のそれぞれに組織されています。全国には約2,000カ所の社会福祉協議会があり、地域福祉を推進する民間団体の一つです。

　身近な社協としては、市区町村社会福祉協議会があります。地域住民やボランティア、民生委員や児童委員、NPOや様々な福祉関係者などが共に参加して、誰もが暮らしやすいまちづくりをしています。

　ケアマネジャーは、地域に密着した市区町村社協の取組を知っておく必要があります。介護保険や医療保険などの公的サービスでは補えない部分を、社協のサービスやサポートが支えてくれるからです。

　ボランティア活動や、見守りネットワークなど、社協の活動が加わることで、利用者の暮らしがより地域に密着したものになります。

市区町村社会福祉協議会の具体的な活動

1. 地域で展開される住民の自主的・自発的な福祉活動の支援
2. 福祉講座や研修など住民の学ぶ場づくり
3. ボランティア活動のお手伝い
4. 地域の福祉課題の調査・把握
5. 関係機関のネットワークづくり
6. 各種相談・生活福祉資金の貸付などの援護事業
7. 在宅福祉サービス事業
8. 福祉施設などの運営
9. 広報紙の発行やイベントの開催、情報提供活動
10. 共同募金や歳末たすけあい運動などの活動
11. 地域福祉活動計画の策定
12. 行政などへの提言活動
13. その他、地域ニーズに応じた様々な事業

出典：東京都社会福祉協議会ホームページ

(7) 民生委員・児童委員

　民生委員・児童委員は、民生委員法に基づいて厚生労働大臣から委嘱された非常勤の地方公務員です。それぞれの地域において、常に住民の立場にたち、暮らしの中で起こる様々な相談に応じ、日常的に必要な支援を行います。

　すべての民生委員は、児童福祉法によって「児童委員」を兼ねています。地域の子どもたちの見守り、妊娠中の母親の心配ごとや子育ての不安に関する様々な相談や支援を行っています。

　都市部では、核家族化が進み、独居世帯や老老世帯が増えています。高齢者だけでなく、障害者や子育て世代も地域社会との繋がりが薄くなっていく傾向にあります。子育てや介護の悩みを、誰にも相談できずに抱えている人もいます。

　暮らしにくさを抱えている人が地域にはたくさんいます。民生委員・児童委員は、地域で暮らす人々の身近な相談窓口となり、地域包括支援センター

や医療や介護や行政など、必要な支援に繋ぐパイプ役として、なくてはならない存在といえます。

　ケアマネジャーは、利用者の担当民生委員・児童委員を知っておくことが大切です。地域のことを一番良く知っているのが民生委員・児童委員だからです。ケアマネジャーは、民生委員・児童委員の情報ネットワークを活用させてもらうことで、より地域の力を活用したケアプランに繋げることができます。

　地域包括支援センターが中心となって、定期的に民生委員・児童委員との茶話会や懇話会を開催している地域もあります。お互いに担当地域の情報収集や情報交換をしながら、日頃の連携関係を大切にした取組に繋げています。ケアマネジャーも積極的に参加し、顔の見える連携関係をつくることが大切です。

(8) 行政

　高齢者を取り巻く様々な問題は、暮らしの中で起こっています。決して医療保険や介護保険だけで解決できるものではありません。

　例えば、働いていない息子や娘が、親の年金を使って一緒に暮らしているという話はよく耳にします。息子や娘が何らかの病気や障害などで社会適応ができない状態も増えています。親の介護のために介護離職をしたり、親の介護を抱えた状態で雇用してくれる会社に巡り合えず働くことができない人もいます。

　虐待や介護殺人や心中などに発展してくケースもあり、単に働いていない息子や娘を責めるだけでは解決できない状況も起こっているのです。

　ここでは、経済的な相談にのってくれる生活保護ケースワーカーと、障害者制度のマネジメントを担っている障害福祉相談支援専門員についてふれておきます。

① 生活保護ケースワーカー

　生活保護ケースワーカーとは、福祉事務所で働く職員の中で、個別のケースに対応しながら相談支援を担う職種のことをいいます。社会福祉主事などの資格をもっています。

　事務的な仕事から相談援助の仕事まで、生活保護ケースワーカーの仕事は多岐にわたります。生活保護の受給対象者に該当するかどうか状況を聴取します。家庭訪問や就労支援や、病院や学校や介護事業所等に出向いて、個別ケースの相談をする場合もあります。近年では、病気や障害で働けない方や就労できない事情を抱えている方、離婚などが原因で生活困窮に陥っている方など、生活保護申請数は増え続けています。最近では、介護者が抱える問題との絡みの中で、高齢者の問題が起こっている場合もあります。

　特に、経済的な問題を抱えている高齢者や家族の問題は本当に深刻です。

　ケアマネジャーは、利用者本人だけでなく、世帯の中に経済的不安や支援が必要な状況があるかどうかをアセスメントする必要があります。そして、必要に応じて生活保護ケースワーカーとの連携を図る必要があります。

　しかし、市区町村によって、生活保護受給者の数や、ケースワーカーの配置人員などは異なります。1人のケースワーカーが100人以上の受給者を担当しているという話は決して珍しくありません。ケアマネジャーは、生活保護ケースワーカー側の事情にも配慮しながら、必要時に速やかに連携できるよう、相談しやすい関係をつくっておくことが大切です。

② 障害福祉相談支援専門員

　障害福祉相談支援専門員は、障害のある人が住み慣れた地域で、自立した日常生活や社会生活を営むことができるように支援する専門職です。相談支援専門員は、障害者の暮らしに必要なサービスや制度の調整役としての機能をもっています。

　また、障害者本人の意思決定を尊重しながら、本人らしく暮らし続けることを支援するコーディネーターでもあります。介護保険制度に位置付けられ

たケアマネジャーと立場や役割は似ていますが、子どもから高齢者まで幅広い相談支援が求められます。

　障害者総合支援法に基づく相談支援専門員の役割は、生活保護ケースワーカー同様、多岐にわたります。障害福祉サービスなどの利用計画の作成や地域生活への移行・定着に向けた支援、住宅入居等支援事業や成年後見制度利用支援事業に関する支援など、全般的な相談支援を行います。

　相談支援専門員の様々なサービスの調整は、単なる生活支援体制の構築ではありません。障害があっても、本人が望む暮らしを支えきるための体制づくりであり、限られた社会資源を効果的に活用する視点も求められます。重度障害を抱えながらの在宅生活は、時に障害者の命と直結します。厳しい現実とも向き合わなければならない、とても責任の重い仕事です。

　また、65歳までは障害者制度が優先しますが、65歳になると介護保険制度が優先します。この移行期の支援体制は、これからの高齢者の課題のひとつといえるでしょう。

　ケアマネジャーは、高齢者に限らず、若い重度障害者が高齢期に入ってくる場合、相談支援専門員との連携の重要性を理解しておく必要があります。高齢期に要介護状態になった利用者と、子どもの頃から重度障害を抱えて生きてきた利用者とでは、サービス利用に対する考え方や価値観が異なります。障害福祉から介護保険へできるだけスムーズに移行できるよう、相談支援専門員との協働が求められます。

(9) インフォーマルサービス・サポート

　インフォーマルサービス・サポートとは、公的サービス以外の社会資源や支援団体などをいいます。市区町村が独自に設定しているサービスや、自治会や町内会など様々なサービスやサポートの形があります。それぞれの地域で独自性があるのがインフォーマルサービス・サポートの特徴です。

　ここでは**ケーススタディ編**の事例を踏まえ、いくつかのサービスやサポートをご紹介します。

① **配食サービス**

　市区町村独自のサービスに、配食サービスがあります。多くの高齢者が利用しているインフォーマルサービスの一つです。

　高齢者の配食サービスは、単に「食事の配達」ではありません。高齢者の安否確認や見守り支援を行い、高齢者に必要な栄養を確保する意味が含まれています。そのため、高齢者に直接手渡すことを原則としている地域が多いようです。

　配食サービスは、一人暮らしで食事の準備が難しい方や、高齢者世帯の様子を確認するためには大変有効な方法です。弁当を直接手渡すことで、配達の担当者が気がかりな高齢者を発見する機会になります。配食サービスの事業者は、市区町村の担当者に報告をし、地域包括支援センターやケアマネジャーに情報を繋ぐこともできます。

　ケアプランに配食サービスを位置付ける際は、利用する目的を明確にしておくことが大切です。単なる食事の配達ではなく、利用者の小さな変化を発見するきっかけとなるからです。

　また、ケアマネジャーは、利用者が配達された食事をどのように食べているかを確認することが大切です。利用者の中には、昼に配達された弁当を、その日の昼と夜、翌朝の3回に分けて食べている人もいます。また、一つの弁当を高齢夫婦で半分に分けて食べている世帯もあります。その状況を見逃したままでいると、利用者に必要な栄養量を確保できないばかりか、低栄養状態になりかねません。ケアマネジャーは、配食サービスを効果的に利用できているか、利用者の栄養状態の管理と合わせて確認することが大切です。

② **認知症カフェ**

　認知症高齢者の数は、2040年には、75歳以上の3人に1人とも予測されています。

　認知症カフェは、増え続ける認知症高齢者を地域で支えるきっかけづくりの場として、近年各地域に増えてきました。

　認知症は、医療機関に繋ぐことが難しい疾患です。自分が認知症であると

いう自覚がない方が多いので、なかなか専門の医療機関に繋がらず困っている家族はたくさんいます。

そこで、町の中にさりげなく設置された認知症カフェは、本人と家族が気軽に立ち寄り、暮らしの中の困りごとや不安なことを相談したり、情報を得たりすることができる場所として運営されています。

例えば、地域包括支援センターと近隣の診療所やクリニックが協働して運営をしている認知症カフェもあります。白衣を脱いだ医師が、認知症本人や家族とお茶を飲みながら一緒に話をしている様子は、医療機関との壁を感じさせない暖かい雰囲気を感じます。まずは「顔なじみになる」という場づくりを通じて、医療機関に繋ぐ最初のステップになっています。

ケアマネジャーは、認知症カフェを効果的に活用しながら、本人だけでなく「家族支援」の検討も必要です。日々の暮らしの中で、認知症の周辺症状は、家族の生活や家族関係も壊しかねません。認知症への正しい理解がないまま、思うようにコミュニケーションが取れない本人に苛立ちをぶつけてしまうこともあります。がんばりすぎる家族には、ケアの方法や認知症の理解を促し、少し息抜きができる工夫も必要です。

認知症カフェは、同じ悩みを抱えている認知症本人や家族だけでなく、ケアマネジャーにとっても学びの場になるはずです。地域にある認知症カフェの情報は、ケアマネジメントに活かせる情報として確認しておきましょう。

(10) 成年後見制度

認知症の進行が心配され、将来的な財産管理などに不安がある場合は、成年後見制度の活用が有効です。

認知症、知的障害、精神障害などの理由で判断能力が不十分な方々を保護し、支援するのが成年後見制度です。成年後見制度は、大きく分けると「法定後見制度」と「任意後見制度」に分かれています。

法定後見制度は、さらに「後見」「保佐」「補助」の3類型に分かれており、判断能力の程度など本人の事情に応じて制度を選べるようになっています。

ケアマネジャーが関わる要介護高齢者の中には、認知症などで判断能力が著しく低下した方が今後さらに増えていきます。利用者の権利や利益を守るための仕組みとしてしっかり理解しておきましょう。

成年後見制度の対象となる利用者がいる場合などは、社会福祉協議会や地域包括支援センターなどに直接相談するとよいでしょう。

> 成年後見制度については、本シリーズ③『あなたの悩みを解決できる！成年後見』を参考にしてください。ケアマネジャーの役割や関わり方について事例を交えて詳しく解説しています。

2 医療以外の職種と上手に連携するポイント

医療以外の職種をいくつか紹介してきましたが、医療だけでも、介護や福祉だけでも「安心できる暮らし」にはなりません。利用者は、地域の中で、地域の人々に支えられながら「生活者」として生きています。だからこそ、医療、介護、福祉、行政などの専門職だけでなく、インフォーマルサービスやサポートなどの地域の支えが必要不可欠なのです。

医療以外の職種と上手に付き合うポイントは、利用者の暮らしを支える「パートナー」として、「感謝と尊敬」の気持ちを持つことです。医療も医療以外の職種も、在宅においては上下関係はありません。もちろん、ケアマネジャーも同様です。あくまでも利用者の暮らしを支える対等なパートナーという意識をもちましょう。

介護職や福祉職は、「暮らしの専門家」です。介護や福祉以外の職種は、「暮らしの応援団」といえます。それぞれの専門性や地域力が発揮されなければ、これからの在宅療養者を支えることはできません。

ケアマネジャーの大切な仕事は、全ての職種が、それぞれの専門性を発揮しあえるチーム作りを目指すことです。チームの繋がりを通じて、ケアマネジャー自身も育まれ、最期まで安心して暮らせる町に育っていくのだと思います。

(1) 地域の力がなければケアプランは絵に描いた餅

　ケアマネジャーの仕事は、地域にある様々な社会資源を活用して、利用者らしい個別性の高いケアプランをつくることです。しかし残念ながら、医療保険や介護保険のサービスばかりで作られているケアプランをよくみかけます。

　例えば、「腰が痛い」という利用者のケアプランを、「腰の痛みをとる」という目標にしたらどのようなケアプランになるでしょうか？　腰の痛みをとることが目標となり、医療や介護のサービスだけでケアプランが作成されてしまいがちです。「なぜ腰の痛みをとりたいのか」ということをアセスメントすることが大切です。腰の痛みが取れたら「近所のスーパーまで買い物にでかけたい」という希望が見えてくるかもしれません。「買い物にでかけたい」という希望を達成するための目標の一つが「腰の痛みをとる」ということになるのです。そして、「買い物にでかけたい」という目標を達成するためには、「体調を整える」「体力をつける」「洋服を着る」「靴を履く」「買い物リストを考える」等々、様々なプロセスをクリアしなければ「買い物にでかける」という目標は達成できません。その時に、医療保険や介護保険の公的サービスではなく、頼りになるのは「地域力」です。

　体調を整えるのは本人、体力をつけるのは本人とリハビリのセラピスト、洋服を着る手伝いはヘルパー、靴が履きやすい環境づくりは住宅改修、お金の準備は家族、スーパーに付き添ってくれる近所の友人、帰りに荷物を持ってくれるスーパーの店員さん等々。このように「地域の力」をフル活用したケアプランによって、利用者は生活者として地域の中で暮らしを続けていくことができるのです。

(2) 地域資源を活用しよう

　ケアマネジャーの強みは、「地域の社会資源の情報を知っていること」です。これは、ケアマネジャーがあらゆる情報を知らなければならないという意味ではありません。地域の社会資源を使いたい時に、どこの誰に聞けば分かるのかという「情報のネットワーク」を持っているという意味です。これがマネジメントのプロであるケアマネジャーの強みです。

　ケアマネジャーはオールマイティーではありません。まずは、そのことを自覚することが大切です。そして、地域の社会資源を知りたい時や活用したい時に「どこに聞けば分かるのか」「誰に確認すれば繋がるのか」、ケアマネジャーの知識不足をサポートしてくれる関係機関の仲間にたくさん繋がっているかどうかがケアマネジャーの力量といえるでしょう。

　ケアマネジャーの仕事は、時に苦しく悩ましく思うことも多いでしょう。医療や介護のサービスを知り、専門職や関係機関との調整を図り、あらゆる社会資源を活用してケアプランをつくり、介護サービスの給付管理もしなければなりません。

　サービス担当者会議を開催し、医療職や介護職を繋ぎ、一つのチームにするのは、そう簡単な仕事ではありません。特に、「医療」という異文化な専門職と信頼関係をつくるには、相手の懐に飛び込む勇気も必要になります。

　医療職に対して苦手意識を持っていてもよいのです。簡単に信頼関係ができるなどと思わない方がよいのです。医療と介護の「真の連携」は、利用者の支援を通してチームの中で築きあげられていくものだからです。「顔の見える関係」から、「腹の中が見える関係」へ、そしてお互いの「腕（技術）が見える関係」へ成長していくことが、これからの高齢者の暮らしを支える医療と介護の連携の姿ではないでしょうか。

3 まとめ―ケアマネジャー同士の連携―

　多職種連携の中で、最も重要でありながら、実践できていないのが「ケアマネジャー同士の連携」ではないでしょうか。

　利用者は、状況に応じて様々に生活拠点を移しながら暮らしています。介護老人保健施設の入所やショートステイを繰り返しながら在宅生活を続けている方もいれば、在宅から特別養護老人ホームへ転所していく方もいます。

　今や、ケアマネジャーは、居宅や施設、居住系施設など、様々な事業所に配置されているにもかかわらず、ケアマネの事業所間連携は、あまり進んでいないように思います。在宅ケアマネと施設ケアマネが、お互いのケアプランを活かしながら、切れ目のない支援をしていくことを忘れてはいけません。利用者が「連携の隙間に落ちないように」、ケアマネ同士の連携体制づくりに取り組んでいくことが大切です。

　ケアマネジャーであり続ける以上、皆さんには社会的責任と、利用者の暮らしを支える使命があります。利用者にとっては、皆さんがたった一人の、唯一無二のケアマネジャーなのです。かけがえのない命と一人ひとりの暮らしを支えるために、医療と介護の「真の連携」を目指せるケアマネジャーになってほしいと願っています。

【引用、参考文献】
・認知症介護情報ネットワークホームページ
・東京都社会福祉協議会ホームページ

ケーススタディ編

Case 1 入退院時の連携（1）
脳梗塞で緊急入院、リハビリ後在宅生活となる新規利用者への支援で気を付けることは？

連携キーワード
・回復期リハビリテーション病院
・訪問看護ステーション
・住宅改修

事例のポイント

- 回復期リハビリテーション病院へ入院
- 介護保険を入院中に新規申請
- 在宅生活に向けての介護保険サービスの準備

事例の概要

加藤さん（仮名、78歳、男性）
- 72歳の妻と二人暮らし
- 入院をきっかけに介護保険申請
- 要介護3
- 緊急入院した病院から回復期リハビリテーション病院へ転院。その後在宅生活への準備をする

脳梗塞で倒れ緊急入院

　加藤さんは、72歳の妻と二人暮らし。定年後は、地元の自治会に参加するなど穏やかに暮らしていました。

　元来健康な加藤さんは、特にかかりつけ医もおらず、「医者知らず」がモットーのような生活をしていました。

　ある朝起きてみると、少し頭が重かった加藤さんは、妻と話をして布団に横になることにしました。寝室へ向かう途中、急に倒れ、救急搬送。原因は脳梗塞でした。一命はとりとめたものの、後遺症が残るかもしれないという医師の診断でした。

　妻は、夫が入院するということ事態が初めてで、加えて後遺症が残ると言われ、途方に暮れました。その時に入院先の医療相談室の医療ソーシャルワーカー（以下、MSW。⇒P.39参照）が、今後予測される生活について次のことを分かりやすく説明してくれました。

① 現在入院している病院は、ある程度病状が落ち着くまでは、入院ができます（約2カ月間）。
② その後はリハビリテーションを専門とした回復期リハビリテーション病院（⇒P.29参照）に転院することができます。
③ リハビリテーションを行いながら、在宅生活の準備をしていくことができます（約3カ月間）。
④ 在宅生活に必要な介護保険サービスを利用するためには、介護保険申請をしておくことがよいでしょう。
⑤ 入院中にケアマネジャーとも顔合わせをして、在宅生活に向けて相談をすることができます。
⑥ 入院中はいつでも相談ができるので、医療相談室に連絡をください。

　これを聞いた妻は、少し安心して加藤さんの入院生活について向き合えるようになりました。

妻は、MSWから加藤さんの住む自治体の地域包括支援センターの職員を紹介され、介護保険の手続きをしました。
　加藤さんは介護3という判定になりました。MSWからは、ケアマネジャーを紹介され、回復期リハビリテーション病院入院中に、退院の準備ができることも教えてくれました。
　このように介護保険を利用していないまま入院となった場合は、その病院のMSWが手続きのサポートをしてくれます。

事例の経過　回復期リハビリテーション病院へ転院

　加藤さんは病状が落ち着いたので、回復期リハビリテーション病院へ転院し、在宅生活に向けて準備をすることになりました。
　回復期リハビリテーション病院では、退院後を見据えたリハビリテーションが展開されます。入院から退院までの流れは、以下のように進みます。
　まず、入院期間の説明が行われます。加藤さんの場合は、3カ月以内とのことでした。
　また加藤さんの病状、そしてこれから行われるリハビリテーション計画について説明を受けました。加藤さんと妻は、退院後は在宅生活を検討していますので、その意向に沿ったリハビリテーションプログラムが立てられました。
　リハビリテーションプログラムを開始して3週間後、一時帰宅をすることになりました。在宅生活への準備として住宅改修、福祉用具利用の検討、また加藤さんのご自宅に適したリハビリプログラムの見直しをするためです。
　この一時帰宅を通して、加藤さん夫婦もだんだんと在宅生活のイメージがつかめてきました。手すり等の住宅改修の必要も感じました。住宅改修については、退院時にスムーズに使えることができるようケアマネジャーと相談し、進めていくことになりました。
　入院して2カ月半が過ぎたころ、加藤さんは退院前の外出をすることになりました。少しずつ退院に向けての準備が進められています。退院に向けて

Case 1 入退院時の連携（1）

　ケアマネジャーは、ご本人やご家族の要望を伺いながら、在宅生活に向けた調整を行います。その際には、病院内のリハビリの専門家（作業療法士、理学療法士、言語聴覚士等（⇒ P.41 参照））とケアマネジャーが連携をとりながら行います。

　退院後は通所リハビリを利用することも検討されました。市内にはいくつかの通所リハビリの施設があります。どの施設にするか加藤さんや妻と相談して決めることとしました。また、加藤さんが安心してリハビリテーションが続けられる施設を探すことも相談しました。

ケアマネジャーの悩み

　新規の利用者の在宅生活を調整する時に気を付けなければならないポイントはなんでしょうか？
　また連携が必要になるのはどのような職種でしょうか？

問題解決のためのアドバイス

　入院し、生活が一変した加藤さんと妻は、今後の暮らしについて大変不安に思っています。

　まずは加藤さん夫婦から、「このケアマネジャーに任せれば安心してこれからの暮らしの相談ができる」、と思われるような信頼関係が結べるよう心がけましょう。

　それには、介護保険制度や介護保険サービスについて、いつも使っている専門用語は、分かりやすい言葉で補うことを心がけましょう。先入観をもってその利用者や家族を見ないなど、支援の基本に立ち返って、丁寧に接するとよいでしょう。

病院の主治医、看護師、作業療法士、理学療法士、言語聴覚士などのリハビリチーム、MSWからは、加藤さんについての以下の情報を収集します。
① 本人の病状
② 今後のリハビリの必要性
③ 加藤さんのリハビリに向き合う姿勢など

また、加藤さんご本人やご家族からは、以下のような情報を収集します。
① 加藤さんご自身の在宅生活への意欲
② 加藤さんご自身のリハビリについての考え方
③ 今までの生活の様子
④ 加藤さんの趣味
⑤ 本人の仕事や大切にしてきた気持ち
⑥ ご家族との関係やご家族の力
　ご本人、ご家族、関係者から情報収集した内容を基に、在宅生活のケアプラン作成に向けて、いかにスムーズに介護保険サービスを導入するか、またどのような施設を利用してもらうのが望ましいのかを検討し、支援につなげていきます。

　加藤さんのケアプランは、以下のように決まりました。
・住宅改修（玄関と居室、浴室とトイレの手すり）
・介護用ベッド（福祉用具のレンタル）
・通所リハビリテーション
・訪問看護サービス

解説

介護保険制度で適用できる住宅改修 ― 高齢者住宅改修費助成制度

　住宅改修をする際に費用を助成する制度です。最高20万円までの工事費用について、工事にかかった費用の9割（最高18万円、一定所得以上の場

合は8割で最高16万円)が支給されます。

　受給の条件は、要介護、要支援認定を受けていること、また住所地の住宅のみが対象となります(一時的に身を寄せている住宅などは対象外になります)。

　必要書類や申請方法は各市区町村の窓口へ問い合わせるとよいでしょう。

　また、支給には、工事完了後に支給される「償還払い」と工事着工前に申請する「受領委任払い」があり、利用者が選択できます(図1)。

図1　償還払いと受領委任払い

筆者作成

ケアプラン

第2表　　居宅サービス計画書（2）

利用者名　加藤　様　　　作成年月日
居宅サービス計画作成者　氏名

生活全般の解決すべき課題（ニーズ）	援助目標			援助内容					
	長期目標	（期間）	短期目標	（期間）	サービス内容	※1	サービス種別	※2	頻度	期間
脳梗塞が再発しないように気を付けたい	妻と自宅で穏やかに暮らせる		体調や症状の変化に早めに気付き対処できる		定期診療・服薬指導・療養指導		医療機関	S病院	月1回 *必要時	
					体調管理支援・相談支援・介護指導・その他		訪問看護	N訪問看護ステーション	週1回	
			指示通りに薬を飲むことができる		服薬管理		本人・妻		毎日	
歩けるようになりたい	自分で自由に家の中を移動できる		足の力をつけることができる		機能訓練　自主トレーニング指導　環境評価指導		通所リハビリテーション	Hケア	週2回	
			転んで怪我をしない		自主トレーニング		本人・妻		1日1回	
家のお風呂に入りたい	自分のペースで大好きなお風呂に入ることができる		自宅でお風呂に入れる環境を整える		手すりの設置・玄関・寝室・トイレ		住宅改修	R工房	毎日使用	
					入浴介助		訪問看護	N訪問看護ステーション	週1回	
					シャワーチェア、バスボード購入		特定福祉用具販売	R工房		

※1 「保険給付対象かどうかの区分」について、保険給付対象内サービスについては○印を付す。
※2 「当該サービス提供を行う事業所」について記入する。

事例の経過　介護保険サービスを利用して在宅生活へ

　加藤さんに回復期リハビリテーション病院の退院時期が迫ってきました。病棟での毎日のリハビリにしっかり取り組んだおかげで、車椅子からの立ち上がりも少しずつできるようになりました。

　ケアマネジャーは、病棟スタッフと検討した住宅改修も進めています。また、退院後に利用を考えている通所リハビリと訪問看護についても加藤さんと妻に具体的に説明をしました。

　病院で実施していたリハビリを、今度は自宅から通所リハビリ施設に（週2回）通って続けることになりました。

　週1回自宅の入浴は、訪問看護サービスを利用することにしました。介護方法などを必要に応じて訪問看護ステーションの看護師に相談できるとのことで、妻も安心しています。

まとめ・解決のポイント

　このケースでは、入院をきっかけに介護保険申請となり、回復期リハビリテーション病院を経て、介護保険サービスを利用しながら在宅生活を送るまでを紹介しています。

　特に利用者は入院前と比べて暮らしに大きな変化があり、様々なことに不安を抱えています。生活を支えるケアマネジャーは、利用者と家族に寄り添って支援できる関係になる必要があります。

　そのためには、ケアマネジャーと回復期リハビリテーション病院による、退院前からの連携がカギとなります。回復期リハビリテーション病院のしくみや病院の他職種（MSW、PT、OT、ST、看護師など）の業務の特性を把握し、退院までに相談できる関係を築いておくことが大切でしょう。

Case 2 入退院時の連携（2）
介護保険利用者が入院、状態に変化のあった場合の再アセスメントで必要なことは？

連携キーワード
・薬剤師
・居宅療養管理指導
・かかりつけ薬局
・配食サービス
・成年後見制度

事例のポイント

- 介護保険を利用していたが、体調を崩し入院
- 退院後はケアプランを変更
- 服薬管理についての連携

事例の概要

平塚さん（仮名、85歳、女性）
- 独居
- 介護保険サービスを利用していたが、入院をきっかけにケアプランを変更した
- 要介護1

入院するまでの生活

平塚さんは、一人暮らし。介護保険を利用するようになってからは、通所介護（以下、デイサービス）を週2回利用していました。

高血圧、高脂血症などで月1回のかかりつけ医の受診は、一人で行っていました。この頃、デイサービスでの血圧測定で数値の高い時がしばしばあり、デイサービスの看護師は、服薬ができているか気になっているところでした。

ある日、デイサービスの利用中に、ふらつきがあり血圧を測定すると、数値も高く本人も心配そうな様子でした。看護師が、平塚さんの主治医に相談し、他の病気の合併症の検査も含め入院することになりました。

ケアマネジャーはデイサービスの職員から連絡を受け、入院先の医師や看護師から状況を説明され、普段の生活の様子を聞かれました。そこで、デイサービス利用時に血圧の高い時がよくあったことなどを伝えました。

その後、ケアマネジャーが自宅へ入院に必要な荷物を取りに行ったときに、薬の飲み残しがあることに気付きました。今までは本人が行っていた服薬管理ですが、どうも難しい状況であることが分かりました。

そこで、この入院をきっかけに平塚さんの生活について再アセスメントをすることにしました。

状態に変化のあった利用者への再アセスメントをする際、関係者との連携に必要なポイントはなんですか？

問題解決のためのアドバイス

　変化のあった利用者について、生活状況を丁寧に確認します。その際必要なのは、本人の暮らしぶりの観察です。本人の生活の中で関わりのある関係者から話を聞いていきます。

　例えば、通っているデイサービスでの様子（食事は残さず食べていたか、プログラムには参加していたか、服装の様子、気分の浮き沈みがなかったかなど）を職員から聞いていきます。さらに、本人宅の近所の人や友人からも様子を伺います。集めた情報を分析し、次の支援につなげるために整理をしていきます。

　今後、平塚さんを支援する上で、こうした情報を関係者や友人、近所の方と共有しながら連携していくことが大切です。

ケアマネジャーの悩み

　一人暮らしの高齢者が入院するときに、準備しておかなければならないことはなんですか？

問題解決のためのアドバイス

　入院や手術の時には、身元保証人になったり同意書に署名してくれる親族が必要になります。日ごろから本人に親族のことを確認しておくことが大切です。

　本人が親族と連絡をとっていない場合は、地域包括支援センターなどに相談しておき、いずれは成年後見制度を活用する可能性があると認識しておくとよいでしょう。

Column

利用者が独居の場合に確認しておきたいこと

　平塚さんのように独居の場合、入院時や手術の時に親族への連絡が必要になるので、前もって親族等の緊急連絡先を把握しておくと、いざというときに慌てないで済みます。

　緊急連絡先になる親族がいない場合には、将来的には成年後見制度を活用することも考えに入れておくとよいでしょう。

　なぜなら、在宅生活が困難になり施設入所を検討する上では、成年後見人が必要になってくるからです。

　成年後見制度を活用するためには、申立人が必要になります。本人若しくは4親等内の親族が申立人になることが難しい場合は、首長が申立人になることができます。

　成年後見制度の利用支援については、地域包括支援センター若しくは各自治体の権利擁護センターに相談をするとよいでしょう。

事例の経過　平塚さんの生活を再アセスメント

　ケアマネジャーは、平塚さんの生活を見直してみることにしました。

　まず、デイサービスで平塚さんの様子を確認しました。3カ月ほど前から血圧が高いときがあることに気付きました。

　3カ月前に何があったか、その要因を推測するために平塚さんに関わっているデイサービスの相談員や主治医、また近隣の方、友人に情報収集しました。

　デイサービスでは、普段から穏やかにプログラムに参加している平塚さんでしたが、「そういえば……」と相談員が振り返ってくれました。時々「気分が落ち込むことがある」「家で一人だと食事がおいしくないのよね」と話していたとのこと。そんなことを言いながらも、本人はプログラムにいつも

通り参加し、デイサービスでの昼食も普段通り食べていたので、特段気に留めていなかったということでした。

かかりつけ医にも確認しました。月1回の受診には一人で来院できていました。最近は病院では血圧が高いこともあったが、普段の血圧を本人に確認したら「変わりはないです」とのことで、従来の薬を処方していたとのことでした。

平塚さんの近所のお友達にも、普段の様子と3カ月前に何か変化があったかを聞いてみました。すると、近所で平塚さんと親しくしていた友人が緊急入院することになり、そのことから平塚さんが自分のことも不安に思っていたかもしれない、ということが分かりました。

そこでケアマネジャーは、平塚さんの不安を軽減するため、ケアプランにデイサービスに加え、薬局の薬剤師による居宅療養管理指導を月1回導入しました。さらにデイサービスに行っていない日の昼食の配食サービス利用により、服薬管理と栄養確保をすることとしました。

事例の経過　新しいケアプランを説明

ケアマネジャーは、入院している平塚さんと面会し、これからのケアプランとその理由を説明します。

平塚さんの3カ月前からの気分の落ち込みや体調不良について、「ご友人が入院されてつらかったのですね」と平塚さんのお気持ちに共感しました。これからはデイサービスの利用に加え、薬局の薬剤師が薬の確認や体調について相談にのれること、デイサービスを利用していない曜日に配食サービスを利用することを提案しました。

平塚さんは、「サービスの利用については、少し考えさせてください」とは言うものの、ケアマネジャーが自分の気持ちや生活について心配してくれていることに安心した様子でした。ケアマネジャーは平塚さんと、入院中に考えて、1週間後にお返事をいただく約束をしました。

解説

居宅療養管理指導

　居宅療養管理指導とは、在宅で療養していて通院が難しい場合に、医師・歯科医師・薬剤師・栄養士などが自宅を訪問し、療養に必要な管理指導を行うサービスです。療養している実際の生活の場において、利用者の健康状態の把握、家族の介護方法の指導を受けることができます。また、ケアマネジャーに対して、ケアプランの作成に必要な情報提供も行います。

　対象者は、要介護1以上の認定を受けた方です。

　薬剤師による指導では、病院の薬剤師が訪問する場合（月2回まで）、薬局の薬剤師が訪問する場合（月4回まで）があります。薬局の薬剤師が訪問する場合には、医師や歯科医師の指示により作成した「薬学的管理指導計画書」に基づいて指導します。

健康サポート薬局とかかりつけ薬剤師

　2016（平成28）年4月から開始した制度で、健康サポート薬局とは、厚生労働大臣が定める一定基準を満たしている薬局として、かかりつけ薬剤師・薬局の機能を備えている薬局です。

　薬に関する相談はもちろん、健康に関することや介護用品などに関する相談にも応じます。このような健康サポート薬局の見つけ方は、「健康サポート薬局ロゴマーク」の有無です。日本薬剤師会で目印になるロゴマークを作成しています。

　かかりつけ薬剤師は、1人の薬剤師が利用者の服薬状況を1カ所の薬局でまとめて管理し、継続して行う機能を担っています。薬局が開いていない時間帯にも薬の相談ができ、在宅医療をサポートしてもらえます。薬の処方内容を確認し、必要に応じて医師への問い合わせや提案を行います。

　かかりつけ薬剤師を持つためには、手続きが必要です。薬局で薬剤師と利用者が申込書に基づき署名します。通常の薬剤師服用歴管理指導料に代わり、かかりつけ薬剤師指導料が発生します。医療費3割負担の方で60円か

ら100円程度、負担が増えます。

配食サービス

　自治体によりますが、行政で配食サービスをしていることもあります。その場合は、事業者に依頼するよりも安価で利用することができます。

　配達の時に服薬の声掛けを依頼することができる場合もありますので、配食サービス事業者に相談してみるのもよいでしょう（⇒ P.65 参照）。

ケアプラン 〈変更前〉

居宅サービス計画書（2）

作成年月日

第2表

利用者名　平塚　　様　　　居宅サービス計画作成者　氏名

生活全般の解決すべき課題（ニーズ）	援助目標				援助内容				
	長期目標	(期間)	短期目標	(期間)	サービス内容	※1	サービス種別	※2	頻度	期間
健康に気を付けたい	自宅での気ままな一人暮らしを続けることができる		体調管理ができる		定期診療・服薬指導・その他		医療機関	Iクリニック	月1回	
					服薬管理		本人		1日2回	
独りではできない楽しみのやお喋りがある生活を作りたい	新しい活動や時間を作りたい		週2回は外に出て活動に参加する		趣味活動交流支援		通所介護	S苑	週2回	

※1 「保険給付対象かどうかの区分」について、保険給付対象内サービスについては○印を付す。
※2 「当該サービス提供を行う事業所」について記入する。

ケアプラン

〈変更後〉

居宅サービス計画書（2）

作成年月日 _____

第2表

利用者名 ___平塚___ 様　　居宅サービス計画作成者 氏名 _____

生活全般の解決すべき課題（ニーズ）	援助目標				援助内容				
	長期目標	（期間）	短期目標	（期間）	サービス内容	※1	サービス種別	※2	頻度	期間
血圧が安定した状態で過ごしたい	自宅での気ままな一人暮らしを続けることができる		できるだけ安定した血圧で過ごせる。状況変化には早めに対処できる		定期診療 ・服薬指導 ・療養指導		医療機関	Iクリニック	月1回	
					服薬管理 ・カレンダーセット ・服薬指導 ・相談支援		医療機関 （居宅療養管理指導）	N薬局	月1回	
					服薬の声かけ		民間業者 通所介護	N弁当 S苑	週5回 週2回	
					身体状況の観察 情報共有		居宅介護支援 他関係機関すべて		必要時	
独りではできない楽しみのやお喋りがある生活がしたい時間を作りたい	新しい活動やお喋りが楽しみのある生活ができる		週2回は外に出て活動に参加する		趣味活動 交流支援		通所介護	S苑	週2回	

※1 「保険給付対象かどうかの区分」について、保険給付対象内サービスについては○印を付す。
※2 「当該サービス提供を行う事業所」について記入する。

Case2 入退院時の連携（2）

> **事例の経過　退院と新しいケアプランでの生活**

　血圧も安定してきたので、平塚さんは退院することになりました。新しいケアプランのスタートです。

　退院後は、新しいサービス機関も入れて平塚さんの生活を支えます。ケアマネジャーは、入院時に状況を聞いた関係者（デイサービス、主治医、近所の方、ご友人）、新たに連携の仲間に加わる薬局の薬剤師、配食サービスの事業者に声をかけ、サービス担当者会議を開催することにしました。

　平塚さんの生活に必要なことは、服薬管理と栄養の確保です。それを関係機関で確認していくことにしました。

　平塚さんの週間スケジュールは以下のようになりました。

```
日：配食サービス
月：デイサービス
火：配食サービス
水：デイサービス
木：配食サービス
金：配食サービス
土：配食サービス
```

　月1回の受診の後、薬局の薬剤師による居宅療養管理指導によりひと月分の薬を薬カレンダーに入れます。配食サービス利用の際には、自宅で服薬の声掛けをしてもらいます。デイサービス利用の時には、同サービスで服薬できるよう手配しました。

　また、ケアマネジャーは、平塚さんの許可を得てから、かかりつけ医と連携をとるようにし、本人の変化をキャッチするようにしました。

　かかりつけ薬剤師が月1回自宅に訪問してくれることで、平塚さんは自分自身の体調のことなどを相談することができ、安心して暮らせるようになりました。

まとめ・解決のポイント

　このケースでは、ケアマネジャーとして関わっていた利用者が体調を崩し、再アセスメントとケアプランの変更が必要となりました。

　再アセスメントに関しては、利用者の生活状況の変化をチェックしていきます。その際には本人からの聞き取りも必要ですが、サービス機関への情報収集もポイントになります。ケアプラン変更時には、サービス担当者会議を開き、退院後は改めて連携体制を構築していきます。

　今回、薬局の薬剤師にかかりつけ薬剤師になってもらい、平塚さんの体調管理と服薬の状況が把握でき、日常生活の健康管理をすることが可能になりました。

　独居の場合、本人が気付かないことも察知してくれる「かかりつけ薬剤師」は、在宅生活の中で重要なサポート役となります。

【参考文献】
・高齢者住宅仲介センターホームページ「介護保険のしくみ Vol.14」（居宅サービス⑤居宅療養管理指導）
・公益社団法人日本薬剤師会ホームページ「賢い患者・生活者になるために知っておきたいかかりつけ薬剤師・薬局のこと」

Case3 認知症の本人と家族への支援に社会資源を活用するには？

Case 3 認知症の本人と家族への支援に社会資源を活用するには？

連携キーワード

・認知症カフェ
・認知症の人と家族の会
・成年後見制度

事例のポイント

- 認知症と診断され、介護保険を新規申請
- 主治医から認知症カフェを紹介され参加
- 認知症の人と家族の会に参加

事例の概要

阿久津さん（仮名、74歳、男性）
- 娘夫婦と同居
- 認知症と診断され、介護保険を申請
- 認知症カフェ、認知症の人と家族の会に参加
- 要介護1

認知症と診断される前の阿久津さんの生活

　阿久津さんは3年前に妻を亡くし、その後、娘家族と同居することになりました。娘夫婦に迷惑をかけてはいけないと、日ごろから健康に気を付けており、老人会の朝の体操会や老人クラブへの旅行にも積極的に参加していました。

　最近、老人クラブの会合の時間を間違えて出かけてしまうことや、朝の体操会も休むことが多くなってきました。

　一緒に老人クラブに参加している近所の友人が、心配して阿久津さんの娘に日々の生活の中で変わったことはないか、声をかけてくれました。

　娘さんも、このところ阿久津さんの様子が気になっていました。時々気分が落ち込んでいたり、急に怒りだしたりすることがあったからです。阿久津さんの状況を考えると、「もしかすると認知症かもしれない……」と思いはじめました。

　娘さんは、近くの地域包括支援センターに相談に行きました。職員は、阿久津さんの認知症の診断と介護保険の申請を勧めてくれました。

　阿久津さんが受診した、もの忘れ外来の医師は、クリニックで実施している「認知症カフェ」を紹介し、介護保険の申請とサービスの利用も勧めました。

　阿久津さんのご家族は、地域包括支援センターに再び相談に行きました。介護保険の申請と、これから利用したらよいサービスなどを相談することができました。また、ケアマネジャーを紹介してもらいました。

　要介護1の認定がおりた阿久津さんは、ケアマネジャーと面談し、今後の介護保険のサービスとこれからの生活について話し合いました。

　阿久津さんの娘さんは、介護保険の利用のこと、そして何より認知症の進行具合やどのように本人と接したらよいのかなどの不安があり、ケアマネジャーに相談しました。

　ケアマネジャーは、阿久津さんご家族に「公益社団法人認知症の人と家族の会」という団体を紹介しました。この団体は、以前、認知症の初期の対象者を受け持ったときに、本人と家族の不安感やこの先の進行具合への負担感

を丁寧に聴いてくれて、とても有効であったからです。

　早速、阿久津さんの娘さんは団体に問い合わせをし、そこでは認知症についての情報提供や地域で家族の会や、認知症カフェという集まりをやっていることを知りました。

　電話相談もあることが分かり、相談をしてみました。電話では、介護経験のある相談員が、娘さんの戸惑いや不安を聴いてくれることで、少しずつ不安が取り除かれていきました。あまり急激に生活パターンを変更せずに、できる限り今の生活を続けていくことが大切、とも言われました。

解説

公益社団法人認知症の人と家族の会

　1980（昭和 55）年に結成され、全国 47 都道府県に支部があります。家族の会は、介護家族、認知症の本人だけでなく、だれでも入会できるのが特徴です。

　各地の集いでは、介護をしている家族が集まり、介護の相談、情報交換、勉強会などを行っています。自分の抱えている悩みや戸惑いを話すことで経験者からのアドバイスをもらえるので、自分だけではないという連帯感が生まれます。

　同会では、フリーダイヤルによる電話相談を実施しています。認知症に関する知識や介護の仕方等なんでも相談できます。さらに介護のグチや悩みを心置きなく話せます。少しでも心が軽くなり、元気を出してもらえるよう、相談には研修を受けた介護経験者が対応します。

認知症カフェ

　2015（平成27）年、新オレンジプランでは、認知症の人の介護者の負担を軽減するため、認知症の人やその家族が、地域の人や専門家と相互に情報を共有し、お互いを理解し合う認知症カフェ等の設置を推進しています。
　認知症カフェは、地域において、認知症の方と家族、地域住民、専門職（介護職、医療職等）の誰もが参加でき、集う場のことです。
　認知症カフェには、①情報提供や学びを目的としたもの、②特にプログラムは用意されておらず、参加者の話を聞くもの、③家族と本人が集まり、当事者同士や介護をしている家族同士で話し合いや相談を行うもの等、様々なタイプがあります。

事例の経過　認知症カフェに参加

　阿久津さんと娘さんは、クリニックで開催している「認知症カフェ」にも参加してみることにしました。
　認知症カフェでは、認知症の方や家族の方、地域住民の方が参加されていました。はじめは緊張気味であった娘さんも、参加されている方の話を聞いているうちに少しずつその場に慣れていきました。介護者の方が娘さんに話しかけてくれて、今の不安な状況を聞いてくれました。月1回定期的に開催されている認知症カフェに、娘さんは「また来たい」と思いました。このカフェは予約がいらないと知り、ますます気持ちが楽になりました。自分の都合で顔を出せるという自由さが、とても気に入った様子でした。
　一方、阿久津さんは、もともと老人会でもいろいろな会合に出ていたこともあり、周りの参加者となごやかに会話をしていました。
　このような場所が自分の地域にあったということを知り、阿久津さんと娘さんは安心しました。地域でのつながりが持てたことで、今後の不安が少しずつ軽減していくような気がしました。身近に相談できる介護の先輩がいることが分かり、また認知症の方も参加しており、阿久津さんも娘さんも、それぞれ地域で孤立していないと感じることができました。

Case 3 認知症の本人と家族への支援に社会資源を活用するには？

　何回か参加したのち、認知症カフェで知り合いになった家族から、阿久津さんが朝の体操会や老人クラブに参加していたことを知って、できれば通所介護（デイサービス）に参加するといい、と勧められました。

ケアマネジャーの悩み

①阿久津さん家族にとって、認知症カフェや家族の会はとても大切なつながりです。ケアプランにどのように反映すればいいのでしょうか？
②ケアマネジャーが認知症カフェに参加することはできるのでしょうか？

問題解決のためのアドバイス

① ケアプランへの反映
　ケアプランの2表、3表にいれるとよいでしょう。特に3表は週間のプランを確認できるところですので、「（例）認知症家族会（第1木曜日）」などと入れると分かりやすいでしょう。

② 認知症カフェに参加
　ケアマネジャーも参加することができます。家族の率直な介護の悩みや苦労を聴くことができるので、むしろ、積極的に参加されることをお勧めします。そうすることで、認知症カフェが一つの社会資源となり、また他職種との連携の場になると思います。

事例の経過　介護保険サービス利用開始

　阿久津さんは、デイサービスに週2回通うようになりました。デイサービスは、出かける日に送迎サービスがあるので安心です。娘さんの声かけでデイサービスに出かける日は、自分で準備ができるようになりました。
　デイサービスでは、体操のプログラムもあり、阿久津さんにとって安心して体を鍛えられる場となりました。
　一方、ケアマネジャーも時間のあるときには、認知症カフェに参加してみることにしました。日ごろ家族が困っていることなどを多職種で話すことで情報交換できました。また主治医や介護職員が参加する会もありました。専門家から認知症の知識や症状に応じた介護の工夫などを教えてもらうことで、利用者への理解やケアプランの工夫などに活かせる機会を得ることができました。
　このように当事者や当事者家族と関係者、地域住民が、垣根なく、気さくに情報交換できる場はとても有益で、個々のケアプランにも反映することができます。

数年後

　認知症の進行とともに、だんだんと在宅生活が難しくなってきた阿久津さん。そして介護している娘さん家族も、自分たちが限界までがんばってしまうよりも専門家の力を借りて上手に阿久津さんと接していく方がよい、と思うようになりました。
　そこで家族は、市内にできた有料老人ホームへ施設入所することを検討しはじめました。見学した有料老人ホームの職員からは、入所の際の保証人の必要性と利用料支払いの説明がありました。入所の際の保証人は娘さんがなることになりました。
　施設の利用料については、阿久津さんの年金では少し足りないことが分かり、阿久津さんの定期預金の解約の必要が出てきました。娘さんが金融機関

に問いあわせると、定期預金の解約については、本人が自筆で解約手続きをできること、また本人の判断能力があることが必要、と説明され、認知症である現在の阿久津さんの状況を説明すると、ご親族でも阿久津さんの成年後見人になる必要があると言われました。

娘さんからその話を聞いたケアマネジャーは、成年後見の手続きについては、権利擁護センターで相談にのってくれるから連絡をとってみるように、と勧めました。

解説

成年後見制度

阿久津さんのように、施設入所や入院の費用を捻出するために定期預金を解約する時、または本人名義の家を売却するなどの時、そして本人の判断能力が不十分な場合に、成年後見制度を活用する必要があります。

成年後見人は、家族でも専門家でも候補者になることができます。家庭裁判所で成年後見人等の申立てをし、審判がおりると成年後見人等になることができます。

そして登記事項証明書で「本人の成年後見人〇〇〇〇」と記載されると、正式に金融機関や市役所等の公的な部署で後見人が手続きすることができます。

この手続きは、家庭裁判所に申立てる書類を整えてから登記事項証明書に後見人が記載されるまで、およそ半年くらいかかるといわれています。このため成年後見制度の必要な方は前もって準備をすすめる必要があります。

まとめ・解決のポイント

　認知症の初期、そして認知症と診断され、介護保険を利用しながら生活をしていく利用者と家族。認知症に対する情報不足、介護の仕方、対応などの戸惑いや不安を、家族の会や認知症カフェに参加することで、軽減することができました。

　ケアマネジャーは、認知症ということに向き合いながら生活していく利用者や家族への有効な一手として、家族の会や認知症カフェという地域の力を活用しました。さらに、ケアマネジャーもそこに参加することで、面接では見られない利用者や利用者家族の普段の様子を知ることができ、地域住民とのつながりを利用者のケアプランに反映することもできます。

　自分の地域の家族の会や認知症カフェも社会資源としてチェックしてみることをお勧めします。

　この事例では、認知症の進行により、成年後見制度が必要になった場面にもふれています。ご家族がいる場合、ご家族が施設入所の保証人になるということであれば、すぐに成年後見人は必要になりませんが、このケースのように、利用者の定期預金などを解約する必要があるときに利用者の判断が難しい場合には、家族が成年後見人となり定期預金の解約手続きなどをすることになります。成年後見人になった場合は、定期預金の解約時だけその役割があるのではなく、解約終了後も利用者の財産管理と身上保護を担う成年後見人としての役割が続きます。

【参考文献】
・公益社団法人認知症の人と家族の会ホームページ
・『月刊ケアマネジャー』2017年7月号、中央法規出版株式会社

Case 4 難病の方を担当するときの留意点とは？

Case 4 難病の方を担当するときの留意点とは？

連携キーワード

・主治医
・言語聴覚士
・訪問看護師

事例のポイント

- 3年前に筋萎縮性側索硬化症と診断
- 飲み込み、嚥下の評価をし、サービスを導入
- なるべく在宅生活を送りたいという希望がある

事例の概要

松本さん（仮名、78歳、女性）
- 独居
- 75歳で筋萎縮性側索硬化症と診断され、現在3年が経過　介護保険サービスを利用しながら、在宅生活継続を希望
- 要介護3

> ケアマネジャーの悩み

難病の利用者を受け持つようになったとき、まずどのようなことに気を付けておいた方がよいでしょうか？ また連携先はどのようなところでしょうか？

> 問題解決のためのアドバイス

難病の疾患を持つ利用者については、その疾患の進行具合によりおさえるポイントがあります。
まずは、開始時に必要なポイントを説明します。利用者によって疾患は同じでも進行具合や表出される症状が違う場合が多いので、利用者の主治医や訪問看護師などの医療チームとの連携は常に必要になります。

【開始時に必要なポイント】
(1) 利用者の疾患についての特性を知りましょう。疾患によって治療内容や経過が様々です。また同じ疾患であっても進行具合や症状は人それぞれです。まずは疾患について理解した上で、その方の主治医等と相談をするとよいでしょう。
(2) 本人の意向を確認しながら、進行していく病気と在宅生活のイメージを共有します。
(3) その上で、在宅生活でどのようなサービスを使うか、どのような制度が利用できるか確認しておきましょう。

解説

難病情報センター

　難病情報センターのホームページは、患者本人、ご家族および難病治療に携わる医療関係者の方々に参考となる情報を掲載しています。

　難病は、その疾患により使える制度やサービスが違うことがあります。難病の利用者を受け持つことになったら、難病情報センターのホームページで疾患のこと、病気の進行具合、また相談窓口情報、患者会等の情報を得ると支援の助けになるでしょう。

難病相談支援センター（都道府県）

　各都道府県に難病相談支援センターが設置されています。相談、疾患別の研修等の案内をしています。

難病医療連絡協議会・難病医療拠点病院・難病医療協力病院

　筋萎縮性側索硬化症の場合、筋肉や関節の痛みに対して毎日のリハビリテーションがとても大切になります。リハビリの方法等は、主治医や保健所の保健師、各都道府県にある難病医療連絡協議会・難病医療拠点病院・難病医療協力病院の専門員に相談をするとよいでしょう。

　難病医療拠点病院は、難病医療連絡協議会の業務（医療機関との連絡調整、各種相談受付、拠点・協力病院への入院要請、研修会開催）に加え、連絡窓口を設置し、高度の医療を必要とする方の受け入れの機能を担っています。

　難病医療協力病院は、難病患者の入院受け入れ等の機能を担っています。

医療保険：在宅難病事業 （東京都）

　都道府県により使える制度が違う場合があります。まず、利用者のお住まいの自治体の制度を調べることをお勧めします（本書では、東京都の制度をご案内しておきます）。

　在宅難病患者医療機器貸与・整備事業（都単独事業）は、難病医療費等助成対象疾病を主な原因として在宅療養において、吸入器・吸引器を必要とし、主治医の同意を得ている方で、貸与する必要があると認められた方が対象となります。

　利用に際しては、保健所、保健センターへ問い合わせてください。

事例の経過　松本さんが少し痩せてきた

　松本さんは、通所でリハビリを続けています。筋肉を動かす努力は怠りませんでしたが、通所リハビリの体重測定で体重の減少がみられはじめました。通所リハビリの職員から連絡を受けたケアマネジャーは、松本さんの嚥下や飲み込みに着目し、主治医にも相談をしてみました。

　主治医からは、この疾患の特性として「飲み込みにくさがある」と説明されました。その場合には、①食物の形態を工夫する（柔らかく水分の多いもの、味の淡泊なもの、冷たいものは嚥下しやすい）、②少量ずつ口に入れて嚥下する、③あごを引いて嚥下する、など摂食、嚥下の仕方に注意することが有用とアドバイスしてくれました。

　さらに、ケアマネジャーは、病院にいる言語聴覚士に嚥下の評価を依頼しました。やはり誤嚥に注意が必要ということで、食事の仕方の工夫と食べ物の形態の工夫のアドバイスを以下のように受けました。

＜言語聴覚士からのアドバイス＞
(1)　食事の仕方
・松本さん本人若しくは、食事介助に入るヘルパーには、食事の際にはできるだけ体を起こし、食事を終えた後も1時間位その姿勢でいることが望ま

れることを伝えてください。
- あごを引いて飲み込むとむせが少なくなります。飲み込むときには、「さあー飲み込むぞ」と、飲み込むことに意識を集中させることが大事です。
- 食事のときには、テレビを観たり、話をしながら飲み込むと、むせやすくなるので、食事に集中することに心がけてください。
- 食事回数を増やして1回の食事量を減らすのもよい方法です。

(2) 食べ物の形態
- もっともよいのは、柔らかくて水気があり、かつ、つぶつぶしたものがはいっていない滑らかな食べ物です。肉や果物はピューレにして柔らかくします。パンはミルクその他の適当な飲み物に浸してから食べるようにします。
- 缶詰は柔らかくて水分が多いためよい食品です。さらさらした液よりも、とろみのある液の方が飲み込みやすいので、すり潰したじゃがいもを加えるなどして汁物にはとろみをもたせるのがよい方法です。
- 増粘剤（とろみをつける食材）が薬局等で手に入ります。液体は熱いと飲みにくいので、冷やすことをすすめます。

解説

言語聴覚士

　話すこと、聴くこと、食べることに障害のある人および家族への支援をする専門家で、多くが病院、高齢者施設、訪問リハビリテーションサービスなどで働いています（⇒ P.41 参照）。

事例の経過　支援ノートの導入

　主治医、言語聴覚士からのアドバイスをもとにケアプランを検討しました。食事の際の工夫と摂取時の介助をするために"訪問介護サービス"、むせこみの防止のためにとろみをつける"食材の購入"などを検討し、松本さんの食生活についても支援することになりました。

　飲み込みを援助する材料は、粉末で溶かすタイプが多いのですが、利用者によって飲み込む力に個人差があるので、しばらくは主治医や訪問看護師等の指示どおりにして様子をみることにしました。

　どんな食べ物で、どのくらいとろみをつけるか、最適なものを見つけるために、食事介助に入るヘルパー、松本さんの体調を伺う訪問看護師など在宅で支援するチームのメンバーで、毎日の様子をノートに記入していくことにしました。この支援ノートの導入により、日々のご本人の様子がトータルで観察できるようになり、支援に連続性が見えてきました。

　ケアマネジャーは、この先の進行具合の予測をし、今後はコミュニケーション手段を考慮することや、呼吸障害についても準備をしていく必要があると感じました。

解説

呼吸障害に対応するサービス　（東京都）

　在宅人工呼吸器使用難病患者訪問看護事業は、人工呼吸器を使用して在宅療養している難病患者さんが、医療保険で回数を超えて1日複数回の訪問看護が受けられるよう、訪問看護ステーション等に委託して行うものです。

　主治医が診療報酬の回数を超える訪問看護が必要であると認める方が利用できます。

事例の経過　緊急時の支援体制について対策を考える

なるべく在宅生活を続けたいという松本さんに対して、どのような時に体調不良になるか、なった時はどのような対応をするか、松本さんを支援する関係機関間で確認しておく必要があります。そして、主治医と定期的な連携を続けていくことが大切です。

まとめ・解決のポイント

筋萎縮性側索硬化症という難病の疾患をもつ利用者を担当することになった場合、まずはその病気についてどのような経過をたどるか、どのような制度やサービスが使えるのかを把握する必要があります。

その経過も人それぞれですから利用者の経過について、主治医や医療関係者と密に連携をとる必要があります。

また、ご本人がどのタイミングまで自宅で過ごしたいのか、それを叶えるためには、どれくらいの費用がかかるのかを総合的に勘案して、ご本人と今後の生活の場について話し合っておく必要があります。

こうした万全の備えが、本人にとって安心して生活を送ることができるベースとなり、ケアマネジャーとの信頼関係を築いていくことになります。

【参考文献】
・公益財団法人難病医学研究財団難病情報センターホームページ
・東京都福祉保健局「難病患者さんへの支援の御案内」（平成29年4月版）

Case 5 在宅看取りの連携（1）
在宅看取りの可能性がある利用者と家族を支援する時に大事なことは？

連携キーワード

・在宅医
・訪問看護
・病院

事例のポイント

- 緊急入院からの退院
- 回復見込みのない非癌
- 最期を迎える場所

事例の概要

田中さん（仮名、92歳、女性）

- 長女家族と5人暮らし
- 脳出血後遺症で在宅生活18年目、介護保険サービスを利用しながら、在宅生活継続を希望
- 要介護3
- 訪問介護、訪問看護（PT）、福祉用具貸与を利用
- 心不全で緊急入院となるが回復見込みなく、在宅看取りとなる

心不全で入院する前の生活

　田中さんは、長女・長女夫・孫2人の5人家族。主な介護は専業主婦の長女が担い、本人は孫とも会話を楽しむなど穏やかに生活していました。

　脳出血後遺症で左半身と嚥下機能に麻痺がありましたが、日中は車いすを自分で操作し、食事・排泄・整容等は自立できていました。

　ある夏の日に高熱が出て、むせ込みも強くなったため、食事や水分を取ることができなくなってしまいました。長女の介助でかかりつけの病院で受診したところ、"肺炎"と"心不全"との診断でした。酸素療法が開始され、緊急入院となってしまいました。

　入院から1週間後に主治医と病棟看護師から次のような病状説明があり、退院について検討することになりました。

①　入院当初の肺炎の症状は落ち着き改善しているが、慢性心不全の状態は変わらず、酸素療法は今後も必要となる。

②　慢性心不全で二酸化炭素の換気がうまくできないため、呼吸が苦しくなっても酸素は1ℓ以上には上げることができない。

③　年齢的にも症状・状態を改善することは難しく、呼吸を安定させるには人工呼吸器の装着となる。

④　人工呼吸器の装着を選択しない場合には、予後は短いと考えられるため、本人の望む場所で過ごした方がよいのではないか。

　説明を受けた長女は、以前から「延命治療は望まない」と話していた田中さんの意思と、「家に帰りたい」という今の希望を思い、悩みながらも人工呼吸器の装着をせず在宅療養をすることにしました。しかし、在宅での看取りについては決断できないまま、ケアマネジャーに在宅療養の準備について相談をしました。

ケアマネジャーの悩み

在宅看取りの可能性がある利用者と家族を支援するのに気を付けるポイントはなんでしょうか？

問題解決のためのアドバイス

　自宅で「死を迎える」という経験をしている家族が少ない時代になり、田中さんの長女も初めての経験をすることになるかもしれないと、不安な気持ちを持っています。一番にすべきことは、その不安をしっかりと聴き、受けとめることです。

　長女の不安が少しでも解消できるよう多職種との支援体制を考えましょう。長女を含めた支援チームでは、方針の統一と情報共有、役割分担と協力体制（姿勢）をうまく作っていけるとよいでしょう。そのためには、ケアマネジャー自身がそれぞれの立場や専門性を理解した上で、連携を図る必要があります。

　後悔のない最期を迎えていただくには、支援チームの連携が重要となりますが、通常のサービスを組み立てるのとは違い、最期の時への支援には欠くことのできないポイントがあります。

①在宅の医師
　自宅で最期を看取り、死亡確認をしてくれます。
②訪問看護師
　医療的な処置だけでなく在宅療養・介護の相談役も担ってくれます。
③緊急時の連絡先と順番
　病状変化や心停止等、緊急連絡先と連絡の順番を明確にしておきます。

④予後予測の確認
　在宅療養生活に入る前に予測される症状の確認や、それに対する可能な処置と対応する支援者をあらかじめ確認しておきます。
⑤看取りの場所
　在宅看取りが難しい状況となった場合についても検討しておきます。

　田中さんは残された時間が限られている状況のため、支援体制作りにスピードが求められます。できるだけ迅速に確実に調整を進めましょう。早く自宅に戻れることは、長女家族と過ごす時間を少しでも長くすることにつながります。

Column

死亡診断書

　人が亡くなった時に死亡理由を記載する診断書です。死亡証明書ともなりますので、葬儀等の手続きには必ず必要となるものです。

　病院で最期を迎えた人には医師が「死亡確認」を行い死因を診断したうえで、「死亡診断書」を作成します。

　在宅医がいない方が、在宅で最期を迎えた場合はどうなるでしょう？　少しでも蘇生の可能性がある場合は救急搬送され、その後に死亡が確認された時は搬送先の病院勤務医が死因を診断し、「死亡診断書」が作成されます。

　また、場合により警察が介入し、死因の確認をすることもあります。いずれにしても在宅看取りを考えていた方にとっては望む最期ではないはずです。

　このことから、ケアマネジャーは「死亡確認」と「死亡診断書」について正しい知識を持ち、後悔のない選択を家族ができるように支援する必要があります。本人の病状、家族の心理状態を踏まえた上で、「いつ」「誰が」「どのように」必要な説明や確認を行うのかを、支援チームで相談しておくのもよいでしょう。

　最期を看取ってくれる在宅医＝『死亡診断書』を作成してくれる医師

　在宅看取りを選択した方には、もっとも重要で欠くことのできない支援者といえます。

事例の経過　退院～在宅療養に向けての準備

　田中さんの長女は、退院に向けた具体的な準備についてケアマネジャーに相談をしました。ケアマネジャーは、再度アセスメントを開始し以下の状況を詳しく知るために、医療相談員と相談し退院前カンファレンスの開催をしてもらうことにしました。

（1）動作と呼吸苦の状態
　　　・入院生活の様子を看護師に、動作評価を理学療法士に確認
（2）嚥下障害と食形態について
　　　・嚥下機能の評価を言語聴覚士に、日々の食事状況を看護師に確認
　　　・食後の吸引の有無や頻度を看護師に確認
（3）床ずれの有無とリスクについて
　　　・皮膚状態や入院中に行っている予防策を看護師に確認
（4）起こりうる身体変化について
　　　・病状及び予測される症状とそれに対して可能な対処方法を医師に確認
　　　・在宅療養の継続が難しいと判断された場合の療養先を医療相談員と医師に確認

　退院前カンファレンスには在宅支援チームのメンバーにも可能な限り参加してもらい、専門職同士の確認の機会とすることもできました。確認した内容を含めたケアプラン原案が作成されました。

　田中さんのケアプラン
　　・訪問診療（医療保険対象）
　　・訪問看護
　　・訪問入浴
　　・福祉用具貸与

Case5 在宅看取りの連携（1）

ケアプラン

第1表

居宅サービス計画書（1）

作成年月日　　　年　月　日

□初回　・　□紹介　・　■継続　　　　■認定済　・　□申請中

利用者名　田中　　　様　　生年月日　　　年　月　日　　住所

居宅サービス計画作成者　氏名

居宅介護支援事業者・事業所名及び所在地

居宅サービス計画作成（変更）日　平成　　年　月　日　　初回居宅サービス計画作成日　平成　　年　月　日

認定日　平成　　年　月　日　　認定の有効期間　平成　　年　月　日　～　平成　　年　月　日

要介護状態区分	□要支援1・□要支援2　・　□要介護1・□要介護2・■要介護3・□要介護4・□要介護5
利用者及び家族の生活に対する意向	本人：家にいたい 長女：本人の希望通り家で過ごさせてあげたいが、呼吸が苦しくなったり飯が詰まってしまったらと心配です。最期まで家で介護を続けられるかは不安でもあるし決められないが、できるだけ母の為にがんばりたいと思います。
介護認定審査会の意見及びサービスの種類の指定	特になし
総合的な援助の方針	ご本人の希望である家での生活ができるだけ長く、苦痛なく続けられる様に医療・介護関係機関で連携を取ります ・呼吸状態や食事、水分の状況を観察しながら必要な対処方法等を助言、指導します ・床ずれなど新たな苦痛が起きないように衛生面、環境面をサポートいたします ・長女さまの体調、精神面にも留意しながら後悔のない時間を過ごしていただけるように援助いたします ・自宅での療養が難しくなる場合には医療機関と連携を図り速やかに療養場所を移せるように援助いたします 〈急変時の連絡先〉 ①D訪問看護ステーション　　00-0000　　　　携帯：000-0000-0000 ②N病院　　　　　　　　　　00-0000
生活援助中心型の算定理由	1．一人暮らし　　2．家族等が障害、疾病等　　3．その他（　　　　　）

居宅サービス計画について説明を受け、内容に同意し、交付を受けました。　平成　　年　月　日　氏名　　　　印

111

ケアプラン

居宅サービス計画書（2）

第2表　　作成年月日　　　

利用者名　田中　　　様　　居宅サービス計画作成者　氏名

生活全般の解決すべき課題（ニーズ）	援助目標			援助内容					
	長期目標	（期間）	短期目標	（期間）	サービス内容	※1	サービス種別	※2	頻度	期間
家で過ごしたい	家族の顔を見ながら最期まで自宅で過ごせる		できるだけ苦痛が無い様に過ごせる		訪問診療 ・在宅酸素療法指導 ・服薬指導 ・その他		医療機関	N病院	隔週 ＊必要時 往診対応	
					状態観察 ・療養相談支援 ・介護相談及び指導 ・緊急訪問対応 ・その他	○	訪問看護 ＊緊急時訪問看護	D訪問看護ステーション	週2回 ＊必要時	
					在宅酸素機器貸与		民間業者	Y酸素	常時	
むせ込むことが多くなったので食事が心配（長女）	好きなものを美味しく食べられる		むせ込まずに飲食ができる		嚥下訓練 ・食形態、とろみ指導 ・介護相談及び指導 食事準備 とろみ材の活用	○	訪問看護（ST） 家族	D訪問看護ステーション 長女	週1回 毎日	
ベッドでの生活になるので床ずれ等が心配（長女）	痛みなどがなくベッド上でも快適に過ごせる		皮膚の清潔を維持できる		排泄介助 週2回　排便介助	○	訪問看護	D訪問看護ステーション	毎日	
			背中など身体の痛みを軽減できる		入浴介助	○	訪問入浴介護	Nケア	週2回	
					床ずれ予防用具貸与	○	福祉用具貸与	A（株） ○○店	週1回	
家で最期まで介護できるか不安がある（長女）	後悔せずに最期まで介護ができる		不安な事ができるだけ早く解消する		相談支援 連絡調整支援	○	居宅介護支援	T事業所	常時	
					報告、連絡 情報共有	○	関係機関すべて		適宜	
			長女にも負担の少ない療養環境を整備できる		特殊寝台及び付属品貸与	○	福祉用具貸与	A（株） ○○店	適宜	
			自宅以外の療養先も検討できる		相談支援 連絡調整支援		居宅介護支援 医療機関	T事業所 N病院	常時 必要時	

※1「保険給付対象かどうかの区分」について、保険給付対象サービスについては○印を付す。
※2「当該サービス提供を行う事業所」について記入する。

> 解説

退院前カンファレンス

　退院前カンファレンスの開催は、そのまま在宅で看取りになることが考えられる時には、とても有益な場となります。病気の状態や必要な処置等病院と在宅の専門職同士が直接引継ぎを行い、その情報を双方の多職種で共有することができます。また、在宅で看取ることが難しくなった場合についても、病院と検討できる機会となります。

　そして何より、誰が何を支援してくれるかが明確になることで、家族の安心感につながります。

介護者への支援

　看取りに直面している介護者への支援はケアマネジャーの重要な役目といえます。田中さんの長女のように、「最期の場所」を早急に選択しなければならないこともあるでしょう。在宅看取りを選択した後も、決断したことに悩み、気持ちが揺らぐこともあります。この揺らぎをしっかりと受け止め、一緒に悩み、最良の選択は何か、介護者が答えを出せるように支援することが、ケアマネジャーの大切な役割となります。

　また、ケアマネジャーは日頃の関わりの中で最期についての介護者の考え方を聞いておくことが大切です。考えたことのない介護者には一つのきっかけとなり、急な選択を迫られた時に慌てずに答えを出せるかもしれません。

事例の経過　退院〜在宅看取り

　田中さんは、退院前カンファレンスの内容を活かしたケアプランで在宅療養生活をスタートしました。

　退院当初は酸素１ℓを使用し、介助を受けながら車いすやポータブルトイレへ移乗できていましたが、退院して１週間後の訪問診療時には身体にむくみが出はじめました。徐々に食事・水分量も減り始め、２週間目に訪問看護が緊急訪問し、呼吸苦に対しての吸引処置を行いました。

　脱水症状が見られ始めましたが、点滴による補水は、かえって田中さんが苦しくなるため、在宅医も長女も選択しませんでした。

　在宅医から、「このまま看取りになる確率が高い」と説明された長女は、悩みながらも在宅療養の継続を決断しました。ケアマネジャーと長女は連絡する順番を再度確認しあいました。急変時には一番に訪問看護、連絡がつかない場合は医師、ケアマネジャーとし、ケアマネジャーはそれを在宅医・訪問看護等関係者に改めて伝えました。

　徐々に血圧が下がり始め、退院から20日後の朝に田中さんは眠るように息を引き取りました。連絡を受けた在宅医が死亡確認を行い、その後に訪問看護により身体をきれいに拭き、最期にふさわしい容姿に整える為のエンゼルケアが行われました。

　後日長女は、在宅看取りをしたことについて、「分からないことが多く、不安だらけではあったが後悔していない。」とケアマネジャーに伝えています。

まとめ・解決のポイント

　在宅看取りにおいて、介護者家族は不安や心配を抱えるだけではなく、生活自体が変わることになります。ケアマネジャーは、本人の思いはもちろん、介護者家族の気持ちも大切に受け止めた上で、起こりそうなことを想定しながら支援をしていく必要があります。

　介護職のケアマネジャーが初めて看取りの支援に直面する時には、分からないことばかりで戸惑う場面が多くあるでしょう。だからこそ多職種でチームを組むことが大切です。

　医療や介護、それぞれの専門職がチームを組むことで生活と療養（医療）をよりよく支えることができるのです。

Case 6 在宅看取りの連携（2）
独居で在宅看取りを希望する利用者を支えるには？

連携キーワード

・他県に暮らす長女
・在宅医
・すべての支援関係者

事例のポイント

- 独居生活
- 病院、入院の拒否
- 様々な疾患

事例の概要

佐久間さん（仮名、87歳、男性）
- 要介護5の認定で独居生活
- 多発性硬化症（難病）と様々な疾患
- 入院経験
- 「入院はしない」という決断

入院はしないと決断するまで

　佐久間さんは要介護5の認定を受け、ベッドに寝たきりでの一人暮らしです。長女は他県で家族と生活をしており、月に2回泊まり込みで介護に来ています。

　18年前に多発性硬化症の難病と診断され、その後に前立腺がん・気管支炎・腸閉塞・膀胱結石・睡眠時無呼吸症等の診断を受けました。5年前頃より徐々に歩くことが困難となり、ベッド上での生活となっていきました。

　5～6年前に腸閉塞や気管支炎、尿路感染症等で2回程入院生活を経験しました。目の見えにくさや耳の聞こえにくさもある中、病院での入院生活はとても辛いものとなりました。

　佐久間さんは、病院職員との意思疎通の難しさを実感し、最後の入院から自宅に戻った時、長女に「もう二度と病院には行かない。入院しない」と告げました。

　辛い思いをしていたことを理解していた長女は、悩みながらも佐久間さんの意思を尊重し、「何が起ころうと父を入院させない」と覚悟を決めました。

　ケアマネジャーと在宅医にその思いを伝え、最期まで独りで在宅生活を続けるという方針が決まりました。

　　＜佐久間さんの在宅支援関係者＞
　①　訪問診療
　②　訪問看護（看護師、理学療法士）
　③　訪問介護
　④　夜間対応型訪問介護
　⑤　訪問入浴介護
　⑥　福祉用具貸与
　⑦　訪問歯科診療
　⑧　配食サービス
　⑨　その他行政サービス

> **ケアマネジャーの悩み**
>
> 独り暮らしで在宅看取りを希望する利用者と家族を支えるにはどうしたらよいの？

> **問題解決のためのアドバイス**
>
> 　佐久間さんは入院中に辛い経験を重ね、最期まで気心の知れた在宅支援者の支援を受けながらの生活を望んだのだと思います。そして、長女もその望みを叶えてあげたいと、悩みながらも決断したのでしょう。
>
> 　独り暮らしで在宅看取りを希望された方への支援には、介護者との関係がもっとも重要となります。1日24時間を一人で過ごす時間が圧倒的に長いため、人知れず息を引き取っている可能性が高いことが予想されます。介護者の考えや気持ちの確認を重ね、他の専門職の意見も反映させながら繰り返し話し合うことが重要です。
>
> 　＜多職種で見守る為に重要となるポイント＞
> 　① 支援者全員の方針統一
> 　② 急変時の対応の徹底
> 　③ 役割分担と連携

佐久間さんに関わるすべての人が、本人の希望や長女の考えと意思を理解し、同意していることが重要です。一人でもその思いを理解していない人がいると、急変時に、救急車要請や入院調整に対応が傾くことが考えられるからです。

急変時には、連絡先の確認と同時に連絡の順番も明確にし、実際にケアに入る訪問介護員等まで周知徹底することが大切です。ご自宅内に掲示することもよい方法です。

また、体に変化が起きた時の確認方法、対処方法、連絡の順番等もあらかじめ相談しておくとよいでしょう。単独でケアに入る支援者にも共有しておくと、起きる変化に困らずに対応でき、何より佐久間さんの変化に素早く対処ができるようになります。

事例の経過　独居生活

佐久間さんと長女の意向を受けたケアマネジャーは、在宅医や訪問看護を交えた在宅支援チーム全体で担当者会議を開催しました。

「もう入院はせず、最期まで自宅で過ごす」という方針への理解と同意を参加者全員から得ました。そして発熱や嘔吐などへの対処として「連絡先と連絡の順番」「頓服薬と置き場所」などを在宅医、訪問看護、訪問介護と確認し、実際の場面を想定しながら役割分担についても話し合いました。

そして、最期の時まで自宅で独り暮らしを続ける為のケアプランが作成されました。

ケアプラン

第1表

居宅サービス計画書（1）

作成年月日

利用者名　佐久間　　　様　　生年月日

居宅サービス計画作成者　氏名

居宅介護支援事業者・事業所名及び所在地

居宅サービス計画作成（変更）日　平成　　年　　月　　日　　初回居宅サービス計画作成日　平成　　年　　月　　日

認定日　平成　　年　　月　　日　　認定の有効期間　平成　　年　　月　　日　〜　平成　　年　　月　　日

□初回　・　□紹介　・　■継続　　　■認定済　・　□申請中

住所

要介護状態区分	□要支援 1 ・ □要支援 2 ・ □要介護 1 ・ □要介護 2 ・ □要介護 3 ・ □要介護 4 ・ ■要介護 5
利用者及び家族の生活に対する意向	本人：もう入院はしない。最期まで自分の家で買ったで手伝ってもらって独り暮らしを続けたい。 長女：長い闘病生活で色々我慢しなければいけないことも多かったと思う。最期は父の望むように過ごさせてあげたい。 気心のしれた方々に囲まれて楽しく過ごしてほしい。
介護認定審査会の意見及びサービスの種類の指定	特になし
総合的な援助の方針	最期まで自宅で独り暮らしを続けていただけるようにすべての担当者が統一した方針で支援いたします。 ・発熱、嘔吐などの変化時には速やかに連絡を取り合い頓服薬の服用等必要な対応にあたります。 ・新たな苦痛が増えないように皮膚トラブルには十分注意し、観察・清潔保持等を継続しながら情報共有をいたします。 ・ベッド上でのお独り暮らしでも訪問者との会話を楽しみながら過ごしていただけるようにいたします。 ・ご長女様帰省時には身体状況の変化だけではなく、自宅環境等の変化についても情報共有できるように努めます。 ＜急変時（絶命含む）の連絡先順番＞ ①T訪問看護ステーション　　00-0000　　携帯：0000-0000-0000 →T訪問看護ステーションからSクリニックA医師へ連絡 ②長女　　　　　　　　　　0000-0000-0000
生活援助中心型の算定理由	1．一人暮らし　　2．家族等が障害、疾病等　　3．その他（　　　　　）

居宅サービス計画について説明を受け、内容に同意し、交付を受けました。　　平成　　年　　月　　日　氏名　　　　　印

Case6 在宅看取りの連携（2）

ケアプラン

第3表

週間サービス計画表

利用者名　佐久間　　　様　　　　　　　　作成年月日　　　　
居宅サービス計画作成者　氏名　　　　

		月	火	水	木	金	土	日	主な日常生活上の活動
早朝	6:00								起床・排泄ケア
	8:00	訪問介護	訪問介護	訪問介護	訪問介護	訪問介護	訪問介護	訪問介護	朝食・服薬
午前	10:00	訪問歯科診療		訪問診療（月2）					
	12:00	訪問介護	訪問介護	訪問介護	訪問介護	訪問介護	訪問介護	訪問介護	排泄ケア・昼食
	14:00	訪問入浴	訪問看護		訪問入浴	訪問看護			
午後	16:00								
	18:00	配食弁当	配食弁当	配食弁当	配食弁当	配食弁当	配食弁当	訪問介護	排泄ケア・夕食・服薬
		訪問介護	訪問介護	訪問介護	訪問介護	訪問介護	訪問介護		
夜間	20:00								
	22:00								服薬
	0:00								
深夜	2:00								
	4:00								
	6:00								

週単位以外
のサービス
・特殊寝台および付属品、床ずれ予防用具　貸与
・夜間対応型訪問介護（ケアコール端末貸与及び必要時訪問）
・おむつ支給サービス（月1回）

> **解説**

在宅独居生活の費用

　独居で在宅生活を望む場合には、費用についても"利用者本人"、"介護者家族"としっかりと検討しなければなりません。要介護5など重度の要介護状態であれば、介護保険サービスだけではとても足りるものではありません。

　例えば週間サービス計画表（P.121）のように1日3回の訪問介護（1回1時間）に、週2回の訪問入浴、福祉用具貸与を1か月利用すると、要介護5の支給限度額を超過してしまいます。加えて医療保険で訪問診療、訪問看護等を利用すれば、さらに費用はかかってきます。他にも配食サービスやおむつなどの日用品もそろえる必要がありますし、遠方から通いで来る介護者がいれば交通費もかかります。

　独居で生活全般に支援を必要とする状況であれば、具体的な経済状況の確認や介護者家族の考え、家族背景も視野に入れながら相談を進めることが大切です。

> **事例の経過　在宅での看取り**

　佐久間さんは「もう入院はしない」と決断してから5年後に、自宅で長女が見守る中、安らかに息を引き取りました。

　この5年の間には、幾度かの高熱、発疹や床ずれの前兆などの皮膚トラブルが起こりました。その時ケアマネジャーは、訪問介護等から佐久間さんの詳しい症状や状況を確認し、訪問看護や在宅医へ状況報告をしました。抗生剤服用やクーリング、環境整備等の指示を受け、チームで役割分担をしながら対応しました。

　佐久間さんは、長女に見守られながら最期を迎え、気心の知れた在宅医が死亡確認を行い、長い付き合いとなった訪問看護師がエンゼルケアを施しました。連絡を受けたケアマネジャーや訪問介護が駆けつける中、約18年の

佐久間さんの在宅療養生活が幕を閉じました。

> 解説

> 価値観

　療養生活を送るようになった方が『大切に思うこと』はそれぞれです。

　佐久間さんのように、馴染みの環境（自宅）、馴染みの支援者（医師、看護師、ヘルパー等）との生活がもっとも大切と考える方もいれば、医療機関で24時間医師・看護師等がいる設備の整った環境を大切と考える人もいるでしょう。

　ケアマネジャーは日々の関わりの中で、その方がもっとも『大切に思うこと』を知る努力を続けることが重要です。そして、ケアマネジャー自身とは異なる、人それぞれの価値観を理解し、支援する姿勢が専門職として求められるのではないでしょうか。

> まとめ・解決のポイント

　「入院しない」という決断をした生き方を支援するために、もっとも重要なのは、"方針の統一"であり、これが支援の太い軸となります。

　しかし、在宅医、訪問看護、訪問介護など支援チームメンバーはそれぞれ個々の価値観を持ち、それぞれの専門職としての判断を持っています。時にはその思いや判断が強く主張され、"方針を統一"するのが難しい状況となる場合もあります。そんな多職種チームでの支援をマネジメントするケアマネジャーは、「本人の決断」と「家族の覚悟」をしっかりと受け止め、その力を信じることが大切であり、支援の核とすることが重要です。

　多職種チームのそれぞれの価値観や、専門職の判断を尊重した上で、支援の核となる決断や覚悟、その力をしっかりとチームメンバーに伝え続けることで、"方針の統一"ができるのではないでしょうか。

監修者・著者紹介

高岡　里佳（たかおか　りか）
主任介護支援専門員
医療法人財団緑秀会田無病院　医療福祉連携部所属
西東京市在宅療養連携支援センターにしのわセンター長
特定非営利活動法人東京都介護支援専門員研究協議会副理事長
著書:『医療から逃げない！ケアマネジャーのための医療連携Q＆A（入門）』
　（公益財団法人東京都福祉保健財団、2013年）

【執筆協力】

●関根　裕恵（せきね　ひろえ）
　社会福祉士
●椋尾　ちえ（むくお　ちえ）
　主任介護支援専門員、介護福祉士

サービス・インフォメーション

───────通話無料───────
①商品に関するご照会・お申込みのご依頼
　　　　TEL 0120(203)694／FAX 0120(302)640
②ご住所・ご名義等各種変更のご連絡
　　　　TEL 0120(203)696／FAX 0120(202)974
③請求・お支払いに関するご照会・ご要望
　　　　TEL 0120(203)695／FAX 0120(202)973

●フリーダイヤル(TEL)の受付時間は、土・日・祝日を除く
　9：00～17：30です。
●FAXは24時間受け付けておりますので、あわせてご利用ください。

仕事がはかどるケアマネ術シリーズ⑤
知ってつながる！　医療・多職種連携
　―ケーススタディで納得・安心―

平成29年9月10日　初版発行

監　修　　高岡　里佳

発行者　　田中　英弥

発行所　　第一法規株式会社
　　　　　〒107-8560　東京都港区南青山2-11-17
　　　　　ホームページ　http://www.daiichihoki.co.jp/

ブックデザイン　株式会社エディット

ケアマネ連携　ISBN978-4-474-05892-7　C2036 (5)